まったく新しいアカデミック・ライティングの教科書

阿部幸大 | Kodai Abe

しばしば思うのだが、ひとつの文章がどのように書かれて完成に至ったのか、その過程を詳述する気がある――というか、詳述することができる――著者がいたら、じつに面白い記事ができあがるのではなかろうか。そうした文章がなぜこの世に出てこなかったのか、わたしには見当もつかない――ことによると、そうした手落ちは著者たちの虚栄心によるところがもっとも大きいのかもしれない。多くの著者、とりわけ詩人などは、自分が一種の洗練された狂乱――忘我的な直観のようなもの――に駆られて創作したのだと思われたがるものだし、読者に舞台裏でも覗かれようものなら、怖気をふるうに違いない［…］。みずからの文章が完成に至った過程を順を追って著者が再現できるような事例など、じつはほとんど存在しないのである。

わたし自身は上述したような嫌悪感には共感できないし、自分の文章がどのような行程を踏んで書かれたのかを思い起こすことに困難を覚えることも、いっさいない。分析し再構築することの面白さは、その分析対象に本来宿る（あるいは読者が見出す）面白さとはまったくの別物なのであるからして、自分の作品が制作された手続きの内情を暴露したところで、それが掟やぶりにあたるようには思われないのである。

――――エドガー・アラン・ポー「作文の哲学」

もくじ

発展編

演習編

はじめに

本書は**アカデミック・ライティングの教科書**である。アカデミックな文章を書くために必要なテクニックや考え方と、それらを身につけるための具体的なトレーニング方法を提示することが、本書の目的だ。

ここでは「アカデミック・ライティング」の範囲を、学部生の期末レポートから、「査読」(☞ 28 ページ)と呼ばれる審査をクリアして学会誌に掲載される本格的な学術論文まで、およそ**学問にかかわるすべての文章を含む**ものとして想定している。だから本書の読者層は、学部生からプロの研究者まで、あらゆるレベルの学徒が対象だ。

おそらく本書を手に取る人は、レポートや論文の書き方がわからなくて困っている人、あるいはすでに何本かは書いてきたものの、よくわからない点や改善したいと感じている点も多く、これからもっと良いものを書きたい、そう願っている人が多いはずだ。本書ではその悩みを解決するために必要となる条件を、**徹底的に要素分解し、極限までプラクティカルに解説する**。

本書の具体的な達成目標は２つある。

ひとつは、**初学者が独力で論文を書けるようになること**。「執筆のヒントを与える」といった次元のアドバイスではなく、論文執筆に必要な全知識と全技術をゼロから解説し、初学者でも本書を読むだけで論文が書けるようになることを目指している。

もうひとつは、**中級から上級までの院生や研究者が、より優れた論文を、よりスピーディかつシステマティックに書けるようになること**。すでに身につけた執筆の技術をいまいちど分解し、より強固でしなやかなアカデミック・スキルを再構築するための方法論を提供する。

そもそも論文とはいったいなんなのか。それはどうすれば独力で、あるいはもっとじょうずに、書けるようになるのか。それを初歩から段階的に解説してゆく本書は、**あなたが現時点でどのようなレベルの書き手であろうとも、そこからのステップアップに役立つ指南となる**ことを約束する。

*

人文系の論文のおおきな困難のひとつは、**きまったフォーマットがない**ということである。

自然科学系の論文は「導入」「研究目的」「研究方法」「実験結果」「考察」「結論」などとフォーマット化され、文章内容も客観的な事実の記述が多くを占める。これにたいして人文学の論文では、イントロダクションの有無さえ究極的には自由であり、**冒頭から自分の言葉で語りはじめ、数千・数万字にわたって語りつづけなくてはならない。**

それは学部の1年からでも参入可能だが、博士の5年になっても成功しないことがありうる、そういった奇妙な営為である。だから、そういう文章がうまく書けるのは、頭のいいやつ、才能やセンスがあるやつだ、という考えが蔓延している。

だが、じっさいに学術論文を書くために必要となる要素を分解してみると、その実態は**再現可能な知識と技術**がほとんどである。特別な才能などなくてもある程度のクオリティまでは誰でも――本書を手に取るくらいの知的好奇心と意欲があれば、およそ誰でも――到達できるのが、学術論文なのだ。

だが人文系のアカデミック・ライティングは、いまだ神秘のヴェールに包まれている。なぜなら、それを**現在の大学教育がうまくカリキュラム化できていないから**だ。だから、書けるようになる人はなるし、ならない人はならない、といった「才能ありき」のギャンブル的な状況が、人文系のアカデミアではずっとつづいている。

本書は、そのような状況に終止符を打つ。

なんとなく（あるいは真剣に）論文や研究書を読み、「前回よりも良い論文を書くぞ」という漠然とした意気込みをもって次の文章に取り掛かる——このような漫然としたトレーニングでは、なかなか論文執筆のレベルは向上しない。あなたはまず、**論文のなんたるかを正確に理解し、自分の執筆の問題点を客観的に把握したうえで、それらのギャップを埋めるような効果を望める勉強にエネルギーを注ぐ必要がある**のだ。

本書を読めば、論文というジャンルの文章がなにをすべき場であるのかを理解し、そして自分の文章が学術的な価値をもつ「論文」として認知されるためにはどういった勉強やトレーニングをすればいいのか——つまり**最終的なゴールと、そこに至る道筋**とを、それぞれクリアに把握することができるようになる。

「まったく新しい」アカデミック・ライティングの教科書を謳う本書は、既存の類書とはまったく異なるアプローチとスタイルで、あなたに論文執筆のすべてを伝授する。

＊

いくつか注意点がある。

まず、いささか無責任な発言に聞こえるであろうことを承知で白状するが、**わたしは本書がどこからどこまでの学問分野に通用するのか正確に把握できていない**。というのも、学問分野というものはジャンル上では隣接していてもひとつ隣に移るとまったくカルチャーが異なっているといった事態がありえて、その全貌をわたしが把握することは不可能だからだ。

ただ、わたしがこれまで発信してきた方法論は、自然科学や社会科学をふくむ、まったくと言ってよいほどかけはなれた分野の研究者から支持されてきたし、じっさいわたしはそういった分野の研究者の指導にも直接的に携わってきた。その経験から、本書の内容はかなり汎用性が高いはずだという手応えをもっているが、じっさいの評価は各領域の専門家に任せるほかない。

つぎに、**本書が提示するアカデミック・ライティングのルールと価値観、いわ**

ば論文観は、現在の日本の人文系のアカデミアにおけるカルチャーにそぐわない部分がある。

わたしは修士号まで日本で取得したあと博士号（PhD）取得のためにアメリカ留学した。その過程で、**日本の大学教育ならびに学術界（アカデミア）のカルチャーに限界を感じた**ことが、本書を執筆した動機のひとつであった。日本とアメリカの両方で活動する身として、わたしは本書によって両領域のブリッジを目論んでいる。

そして、最初に述べた「読者が独学で論文を書けるようになる」といった目標は、じつのところ小目標にすぎない。本書が念頭においている大目標は、**執筆の初歩的な困難を早期に解決し、その先にどんどん進むことのできる人材を育成し、人文学全体を盛り上げること**である。

そもそも学生はレポートなど書けてあたりまえだし、研究者は論文など書けてあたりまえであるべきだ。それを満たしたうえで、やっと自分にどのような学問的貢献が可能なのか、じっくりと考えることができる。本書は、**「研究」のスタート地点に最速で立つためのガイド**となることを目指している。

研究が本当に楽しくなるのは、そこからだ。

*

どんな著者がこの本を書いているのか、簡単に紹介しておこう。

まずは受けてきた教育の背景について。「文学部」、といっても広いわけだが、わたしはそのなかでも、まさしく文学を研究する学部に所属してきた。ただし、ここでいう「文学」とは、小説や詩のみならず、映像、音楽、ファッションから、博物館、モニュメント、大学まで、およそ**「文化」にかかわる全事象**をふくむものである。

1　ウンベルト・エコ『論文作法——調査・研究・執筆の技術と手順』谷口勇訳（而立書房、1991年）、18頁。

専門、研究内容について。ウンベルト・エコは『論文作法』で研究には理論研究と歴史研究の２種類しかないのだと書いているが[1]、わたしの執筆する論文の方法論は歴史研究と理論研究のハイブリッドで、その両方をベースに文化現象をひろく分析するというものである。

現在わたしが書く論文のスタイルは「学際的」と形容するほかなく、わたしは何者かと問われたら「人文学者」であると答えるのがもっとも実情に近いのではないかと感じている。ただ、ふだんはもうすこし絞って、自分は日本とアメリカの文化の歴史、すなわち**日米文化史**の研究者であると名乗ることにしている。

これまで論文を掲載してきた媒体は、文学・文化研究はもちろん、メディア・映画研究、人種・民族研究、地域研究など、多岐にわたっている。また出版活動について特筆すべきは、日本国内の学会誌と、アメリカを中心とする英語圏の海外誌の両方にコンスタントに論文を書いてきたことである。本書が「まったく新しい」を標榜する根拠のひとつは、**日本の学術的なカルチャーに精通した著者がアメリカの研究スタイルを輸入することで日本の人文学の刷新を目論んでいる**点にある。そのような意図をもって書かれた指南書は、これまで存在しなかった[2]。

というわけで本書は、まず日本でトラディショナルな文学研究を身につけ、のちにアメリカで学際的な文化研究に移行し、現在は日本語と英語の両方でいくつもの分野にまたがって研究している人文学研究者によって書かれた本である——このように理解していただければと思う。

*

本書は、原理編、実践編、発展編、演習編、の４つにわかれている。

2　そういった意図をもって書かれた和書でもっとも有益なもののひとつは、加藤司『なぜあなたは国際誌に論文を掲載できないのか』である。クセの強い一冊だが、たとえば同書の「査読編」などは人文系の学徒にとってひろく有益であるだろう。加藤司『なぜあなたは国際誌に論文を掲載できないのか——誰も教えてくれなかった本当に必要なこと』(ナカニシヤ出版、2022年)。

基本的には第１章から順に読んでいくように設計されている。じっさいはどのように読んでもらってもかまわないのだが、**とりあえず論文をイチから学ぼうという初学者には、まず「原理編」と「実践編」を通読することをお薦めしたい。**

最初の「原理編」は３章からなり、ここで**論文とはどういった書き物であるのかを概念的に理解してもらう**ことを目指している。ここが本書のコアであり、あなたの執筆するフォーマットが期末レポートでも博士論文でも、「原理編」はもっとも重要なパートになるだろう。

人文系の論文執筆における最大の困難のひとつは、それが長い文章であるということにある。それを解決するカギとなるのが、**パラグラフ**という単位だ。「原理編」の最後と「実践編」の最初の２章はパラグラフに割かれており、パートをまたいで連続した内容になっている。３、４、５章で、理論から実践へと進みながら、パラグラフ・ライティングを理解し、身につけてもらう。

６、７、８章はそれぞれ独立した内容で、順に、論文の読みかたと引用のしかた、イントロダクション、コンクルージョンを扱っている。これで論文という文章のほぼ全パーツが網羅的に解説されたことになる。

９、10章の「発展編」は、かなり思弁的な内容になっている。なぜ論文などを書くのか、なぜ人文学が必要なのか、研究の価値とはどこにあるのか――そういった自問をとおして、**より優れた研究を継続的におこなうための精神的な基盤を手にいれる**ことを、「発展編」では目指している。

では、さっそくはじめよう。

原理編

第1章
アーギュメントをつくる

1．論文とアーギュメント

論文とはなにか。この問いに、ひとまずシンプルな答えを与えることからはじめよう。

論文とは、ある主張を提示し、その主張が正しいことを論証する文章である。

これはシンプルなようでいて、論文というジャンルの文章がもつ、きわめて奥深い特質である。そもそも主張とはなにか、論証とはなにか？　その点をはっきりさせないかぎり、この定義は論文の書きかたを学ぼうとする者にとって、まったく役に立たずに終わるだろう。本章を含む「原理編」では、論文の定義を徐々にクリアにしてゆくことで、「論文とはなにか」を正しく理解することを目指したい。

まず、論文は主張しなくてはならない。この「主張」を、英語では**アーギュメント**（argument）と呼ぶ。日本語の「主張」という語にわたしたちは慣れ親しんでおり、みなそれぞれ「主張とはなにか」についてのイメージをすでに抱いてしまっているので、あえて本書では以下、アーギュメントという英語を使って、それをあらたに定義してゆこう。

ルール①　論文はアーギュメントをもたなくてはならない。

このアーギュメントという言葉はアカデミアにおいて、「主張」とか「見解」を意味するほかの語彙とは異なる特別な意味合いで用いられる。アーギュメントというものは、その正体を誰もがわかっているようでいて、じつはきわめて曖昧に用いられている用語であり、じっさい正確に理解している者たちも、それを教えるのは非常に困難だと考えている。

アーギュメントとはなにか。すこしずつ理解を深めてゆこう。

それはまず、**論文の核となる主張内容を一文で表したテーゼ**である。ここでは「テーゼ」を、「**論証が必要な主張**」というふうに定義しておく（この定義は重要なので記憶してほしい）。アーギュメントはテーゼの一種である。ひとつの長い論文は大小いくつものテーゼを含むのだが、論文中もっとも重要な、いわば大テーゼがアーギュメントである。とりあえずこのように考えておいてもらいたい[1]。

『12週間でジャーナル論文を書く』の著者ウェンディ・ローラ・ベルチャーは、論文が学術誌で不採用（リジェクト）になる理由として、査読のコメントでは議論のクオリティとか着眼点のオリジナリティとかについていろいろと言われるかもしれないが、つまるところ「**アーギュメントがないか、またはそれを適切に表現できていないこと**」が究極的な原因なのだと述べている[2]。

ここで注目すべきは、ベルチャーはアーギュメントが「ない」と言っていることである。最終的に査読者はアーギュメントの良し悪しを判断するのであるが、しかし、多くの論文はそれ以前の段階で、**そもそもアーギュメントをもつことに失敗している**というのだ。たとえば、じっさいわたしも自分の初期の論文などを読みかえすと、アーギュメントを提示できていないことがよくわかる。

なにかしら主張しているつもりでもアーギュメントをもたないとみなされるとは、いったいどういうことなのだろう？　あらためて、アーギュメントとはなんなのか。この問いは、これからレポートを書こうとしている学部生から、ベ

1　この用語法には揺れがあり、「テーゼ」を「アーギュメント」の意味で使う教科書も存在するが、そうした違いは言葉の定義の問題にすぎない。本書では「アーギュメント」というまだ広くは日本人に膾炙していない英単語を採用し、これをあらたに定義しながら運用してゆく。

2　Wendy Laura Belcher, *Writing Your Journal Article in Twelve Weeks: A Guide to Academic Publishing Success*, 2nd ed. (Chicago: University of Chicago Press, 2019), 66.

テランの大学教員まで、あらゆるレベルの著者が立ち止まって再考する価値のある問題である。

そこそこの媒体に掲載されるような論文でさえアーギュメントがないとなると、アーギュメントをもつことは非常に高度で複雑なことなのだろうか？　否、**アーギュメントをもつだけなら、それは単純なことである**。

では、じっさいにアーギュメントをつくってみよう。

2．アーギュメントをつくる

世の中にはいろいろな「主張」が存在するが、それらのうち、どれが学問的なアーギュメントだと認定されるのか。シンプルな具体例を用いて考えてゆくことにしよう。

たとえば文学部の授業で、やなせたかしの『アンパンマン』を読み（マンガでもアニメでもいい）、同作についての発表なりレポートなりが課されたとする。さて、どんなことを主張しよう？　以下、いろいろな主張をつくりながら、徐々にアーギュメントのほうに接近してゆきたい。まず同作についてすこし調べて、つぎのようなことを言ってみたとしよう。

（1）初期のアンパンマンは長身・丸顔のおじさんだった。

この主張は、アーギュメントではない。Wikipediaでも上のほうに書いてある、ただの事実である。常識だろうがマイナーな豆知識だろうが、事実はアーギュメントにならない。では、**なぜ事実はアーギュメントではないのだろうか**。この問いに、あなたなりの考えで答えるのではなく、本稿のこれまでの記述内容にしたがって答えてみてほしい。

さきに重要だから記憶してほしいと念を押した、アーギュメント（テーゼ）の定義を思い出そう――それは**論証が必要な主張**なのだった。（1）は「主張」らしき体裁をもってはいるが、それは資料を調べれば正しいか間違っているかが確定してしまうものであって、「論証」できるような「主張」ではない。つまりそれはテーゼではない。

もちろん、これは極端に単純な例である。つづいて、多くのレポートや論文がじっさい採用しがちな「主張」の例を３つ並べて見てみよう。これらは（1）と違い、期末レポートから学術論文までのあらゆるレベルで観察できるパターンであり、あなたにも思い当たるフシがあるはずだ。

（1）は事実を述べているだけだったが、では、以下の文章は、アーギュメントではないのだとして、**具体的になにをしているのだろう**。問題形式にしてあるので、時間をとって自分で考えて、答えを言語化してみてほしい。

> 例題１：つぎの３つの文が、それぞれ具体的になにをしている文なのか説明せよ。
>
> （2）このレポートでは『アンパンマン』における女性キャラクターに着目する。
> （3）本論はフェミニズム理論を用いて『アンパンマン』を分析する。
> （4）『アンパンマン』を深く理解するために必要なのはジェンダーというテーマである。

これらのアーギュメント未満の「主張」たちは、具体的になにをしているのだろうか。アーギュメントのように見えてアーギュメントではないものをきちんと知ることで、アーギュメントの実態を浮き彫りにしてゆきたい。

（2）は「着目する」と言っている。つまり、ある事象を観察して（この場合は作品を読んで）、そこで自分が個人的に気になったモチーフ（女性キャラ）を抽出したところまでで終わっているのが（2）である。この一文がやっているのは、**トピックの設定**である。これはアーギュメントではない。

（3）もおそらく女性キャラクターという同様のトピックに着目することになるだろうが、ここではその分析において依拠する理論的な枠組み（フェミニズム）が挙げられている。この一文がやっているのは、**方法論の宣言**である。これもアーギュメントではない。

（4）はほぼ同様のトピックを設定したうえで、それが作品理解の条件だと主張している。すなわち、ある特定のトピックが「重要である」と言っているのが（4）だ。この一文がやっているのは、**価値判断**である。これは主張らしき体裁をなしてはいるが、やはりまだアーギュメントではない[3]。

では、これらのなにが問題なのだろうか。いいかえれば、これらの「主張」はなぜアーギュメント未満だとみなされるのだろうか。

ここでみたび、アーギュメント（テーゼ）の条件を思い出そう——それは**論証が必要な主張**なのだった。（1）から（4）は、どれも論証を要求する文ではない。もちろん女性キャラの分析は可能だし、フェミニズム理論を用いた『アンパンマン』論は重要な仕事になるだろう。しかし、アーギュメントの条件は、それが論証を要求する主張であるということなのだ。

おそらくまだわかりにくいと思うので、これを読者の側のリアクションで説明しなおしてみよう。「フェミニズムで分析します」と聞いたときのわたしたちのリアクションは、たとえば「そうですか、ではどうぞやってみてください」といったものになるだろう。「フェミニズムで分析します」という主張は、**そもそも論証できるような言明ではない**のだ。

アーギュメントが読者から引き出さなくてはならない反応は、「本当にそうなのか？　じゃあ論証してみろ」といったものである。それが「論証が必要」ということの意味なのだ。つまりアーギュメントとは、**論証なしには納得してもらえない主張、論証を要求するような文**になっていなくてはならないのである。

この定義を再確認して（2）から（4）に戻ると、これらがすべてなんらかのトピック（ジェンダー）なりツール（フェミニズム理論）なりを名指したにすぎないということが見えてくるだろう。上述した例はすべて、**「研究対象＋X」という組み合わせを宣言しただけの文**である。研究対象やXがいかに高度にアカデミックなものであろうとも、この形式から抜け出さないかぎり、それが

3　価値評価と論証については、次章で扱う野矢が簡潔にまとめている。野矢茂樹『新版　論理トレーニング』（産業図書、2006年）、87–96頁。

アーギュメントに到達することはない。

ただし、これらはアーギュメント未満の主張ではあるものの、だからといって論文と無関係というわけではない。論文を書くとき、ある重要と思われるトピックを選択し、それをなんらかの方法論で分析するという作業は不可欠である。これらはアーギュメントと**無関係**なのではなく、あくまでもアーギュメント**未満**の段階にある作業なのであり、「論文」を書くためには、その先に進む必要があるということだ。

よく「文学部のやっていることは読書感想文とかわらない」といった意地の悪い批判があるが、これはあながち偏見ではない。（2）と（4）は、つまるところ「Aが面白いと思いました」「Bが大事だと思いました」という「感想」にすぎないし、たとえ（3）のようにアカデミックな枠組みを援用したとしても、その作業をつうじてアーギュメントを論証するのでないならば、それはやはり、アカデミックなリソースを参照して書かれた読書感想文どまりである。

では、論証を要求するような主張とはどういったものなのか。この「論証を要求する」という側面を確実に満たすためのもっともシンプルな方法は、アーギュメントを**「この論文は〜を示す」という構文で書くこと**である。

なんとも低次元な話だと思うかもしれないが、上記の（2）と（3）はこの構文で書き換えることすらできないことに、あなたは気づいているだろうか。これは初心者にもすぐに実践可能でありながら、どんなに熟練のプロでも採用している方法論である。

では、ひきつづき『アンパンマン』とジェンダーの例をつづけながら、この構文でテーゼをつくってみよう。たとえば――

（5）この論文では、『アンパンマン』においてはアンパンマンとばいきんまんという男同士の物語ばかりが注目されていることを示す。

これはぐっとアーギュメントに接近している。その理由はまず、「男の話ばかりだ」という観察が一定程度の論証を必要とする主張だからだ。これらの主張はかならずしも自明ではなく、「本当か？　じゃあ示してみろ」という反応を読者から引き出すような内容をもっている。これを（4）の「ジェンダーが重要である」という曖昧な主張と、いまいちど比較してみてほしい。

この「じゃあ示してみろ」とか「本当にそうなの？」といった反応を引き出せるかどうかは、その言明がアーギュメントであるかどうかを測定する重要な指標だ。いいかえれば、これは**反論可能性の有無**である[4]。たとえば（5）なら、「いやいや『アンパンマン』は男の話ばかりではないだろう」という反論が誰でもすぐに思いつくはずだ。これとくらべれば、（1）〜（4）はそもそも反論すらしにくい形式の文になっていることがわかると思う。

経験の浅い論者は、誰もがただちに納得してくれる「正しい」議論を展開せねばならないと考えてしまいがちである。たしかに論文においては自分のアーギュメントの正しさを説得的に論証することができなければならないのだが、しかし、論証なしに誰もが納得するような自明な意見に価値はない。**むしろ反論可能であるからこそ、主張はアーギュメントたりうるのである。**反論可能性は論文の条件なのだ。

このことがわかれば、以下のルールは同じものであることがわかるだろう。

ルール②　アーギュメントは論証を要求するテーゼでなくてはならない。
ルール②′　アーギュメントは反論可能なテーゼでなくてはならない。

（4）までとくらべれば、たしかに（5）はかなりアーギュメントに近づいている。とはいえ、（5）が提出している主張を抽象化すれば、それは同作が「男性中心主義的である」という批判であり、これはまだ「男の話」ばかりで「よくない」という、作品がもつ傾向の観察と、価値判断の次元に留まっていると批判することもできる。**これは、まだまだアーギュメントとしては弱い。**

論文を書こうとするとき、誰もがアーギュメント未満のトピックや観察をまず

4　これはアカデミアの世界においては一般的に「反証可能性」というタームで知られている。参照：カール・R・ポパー『科学的発見の論理』大内義一・森博訳（恒星社厚生閣、1971年）。

手に入れる。それらはいわば「ネタ」である。ネタが揃ったら、つぎにそれを、論証を要求するような形式の主張、つまりアーギュメントへと書き換える必要がある。そして、こんどはそのアーギュメントを強化してゆかねばならない。このプロセスを、わたしは「**アーギュメントを鍛える**」と呼んでいる。

ではどうすればアーギュメントは鍛えられるのだろうか？　**アーギュメントが「強い」**とは、いったいどういう事態を指すのだろう？

3．アーギュメントを鍛える

どうすればアーギュメントは鍛えられるのか。そのひとつの方法は、たとえば「男の話ばかりだよなあ」といった観察を得たとしたら、それを「**AがBをVする**」という形式の文に落とし込むことである。これを**他動詞モデル**と呼ぼう。これはアーギュメントの唯一の形式ではないが（大事なのでもういちど言うが、他動詞モデルだけがアーギュメントの形式なのではない）、アーギュメントの強弱ということの意味を理解し、アーギュメントを鍛えるというプロセスを学ぶために、非常に役に立つテクニックである。

すこし脱線するが、ここで**他動詞**という文法用語についての簡単な説明を挟みたい。

英語などの言語では、動詞は自動詞と他動詞に厳密に区分される。このうち他動詞は、「ある存在A」が「べつの存在B」にたいしてなにかをする、という意味の動詞である。have, take, get, makeなど、英語の基本動詞のほとんどが他動詞であり、たとえばI have a penなら、私（A）がペン（B）を手に持つ、という行為の記述である。ここで、AとB（私とペン）はべつの存在であることに注意してほしい。

それにたいして自動詞の文はAの動作を記述するだけであり、そこには「べつの存在B」が登場しない。動詞の意味的にも「べつの存在にたいしてなにかをする」という意識が希薄である。たとえばwalkやlaughなどがわかりやすく、これらは働きかける客体B（目的語）がなくても成立する動詞だ（歩いているときAが地面に働きかけているという意識は希薄である）。

ポイントは、他動詞の文にはAとBという2つのプレイヤーが登場するのにたいして、自動詞はひとりで完結する行為の記述であるということだ。これで「自」と「他」という漢字が用いられている理由がわかるだろう。**他動詞とは、AとBという二者の関係を動作でむすぶことで記述するための装置である。**

さて、上記の説明をふまえたうえで、つぎの例題に取り組んでみよう。(5)を他動詞モデルで書き換える問題だ。もちろん答えはひとつではないので、あくまで念頭にあるトピックはジェンダーであるということを踏まえつつ、自分なりに答えを出してみてほしい。

例題2：つぎの文を「AがBをVする」という他動詞モデルで書き換えよ。

『アンパンマン』においては、アンパンマンとばいきんまんという男同士の物語ばかりが注目されている。

まず気づくべきは、この文には「アンパンマンとばいきんまんという男同士の物語」というひとつの要素しか登場していないということだ。誰がそれに「注目する」のか、その主体も不明確である。まずはその点を明確にしつつ他動詞モデルで書いてみると、

回答例1：『アンパンマン』は男性キャラクターばかりを描く

このようになるだろう。『アンパンマン』がA、「男性キャラクター」がB、「描く」がVである。

もうすこし進めてみよう。この著者の関心はジェンダーなのだった。そして「男ばかり」だと書いているということは、その裏には「女性キャラクターを描いていない」という批判的な意図があることがわかる。そこで「女性キャラクター」というあらたな項目を立てて、もっと強いアーギュメントがつくれないか考えてみよう。

ここでの観察は、「『アンパンマン』では男性キャラクターばかりが前景化され、女性キャラクターが蔑ろにされている」ということになるだろう。ここであえ

てこの例を挟んだのは、このように「描かれ」「蔑ろにされる」と**受動態で書いてしまう**のがよくあるパターンだからである。AとBの様態がそれぞれ受動態で記述されることで、その動作の主体が曖昧になっている。

これを他動詞モデルに書き換えるという操作は、すなわち「AとBの関係を動作で記述するにはどうすればよいか？」と自問することにほかならない。男の物語が女性キャラを**どうする**のか？

この書き換えにおいて「前景化」は使えないし、「蔑ろにする」を使って「男の物語が女性キャラクターを蔑ろにする」と書くと、ちょっとニュアンスが変わってしまう。なので、**文意を汲んで新しく動詞Vをひねり出さなくてはならない**（国語の問題だ）。ここでAがBにたいして働きかけている内容はなにか？　それはおよそ「目立たなくする」、「周縁に追いやる」といった意味だろう。だからこれを、

回答例2：『アンパンマン』においては、アンパンマンとばいきんまんという男同士の物語が、女性キャラクターを周縁に追いやっている。

たとえばこのように書き換えることができる。「男同士の物語」がA、「女性キャラクター」がB、そして他動詞が「追いやる」だ。他動詞モデルで書き換えるだけで主張が一気にアーギュメントらしくなる理由は、このモデルで書くと、それが**観察の漠然とした記述ではなく、著者が自分の責任において提出している、論証が必要な主張であるという側面が際立つ**ためだ。

他動詞モデルの大きなメリットのひとつは、**アーギュメントを構成する要素（AとBとV）を整理して、その各要素をそれぞれ鍛えてゆくという道筋が見えやすくなる**という点にある。ためしに「アンパンマンとばいきんまんという男同士の物語」と「周縁に追いやる」をもっとシンプルに書けば、

回答例3：『アンパンマン』においては、男性中心主義的な物語が女性キャラクターを排除している。

こんな感じになるだろう。ここからさらに、ではAの「男性中心主義」とは

作中で具体的にどういう事態を指すのか（たとえば男性キャラが抑圧的な家父長として振る舞う傾向にあるのか？）、Vにあたる女性キャラクターの「排除」とは具体的にどういった事態を指すのか（登場しなくなるのか、主体性を奪われるのか？）、そして、そのジェンダー的なアンバランスは結局のところなにを意味するのか、さらには、なぜそのアンバランスの指摘が重要なのか――このように自問をくりかえすことで、**AとBとVそれぞれの要素で用いている言葉をより研ぎ澄ましてゆく作業**に入ることができる。

これがアーギュメントを鍛えるということであり、それはとりもなおさず、**自分がなにを主張したいのかを明確化する作業**にほかならない。論文を書きはじめる前に、たっぷり時間をとって取り組みたい作業だ。

この他動詞モデルのメリットを掘り下げるために、英語圏で頻繁に言及されるアカデミック・ライティング教育の3つの教えに触れておきたい。

第一に、多くの標準的なライティングの教科書が「強い動詞を使え」と教えている。これは一面では英語圏に特有の問題で、たとえばケイト・トゥラビアンは「have, do, make, be」などの「無内容な動詞」を避けよと言っているが[5]、英語はこういった意味の希薄な動詞が多いからこそ「強い（＝具体的な意味をもつ）動詞」というアドバイスが活きてくるわけだ。だがこの話は日本人でも、アーギュメントの強弱という感覚を掴むのに役立つ。（5）の「女性が蔑ろにされている」という観察を回答例3で「排除する」という明確な意図をもつ「強い」他動詞で書き換えたのは、こうしたアドバイスの実践例である。**他動詞モデルにおいては、動詞の強さとアーギュメントの強さは表裏一体である。**

第二に、英語圏でもっとも聞かれるアドバイスのひとつが「受動態を避けろ」というものだが、これは日本人の日本語執筆においても参考になるうえ、動詞の強弱の問題と密接に関連している。たとえば「女性が蔑ろにされている」という受動態では「蔑ろにする」主体が曖昧になるのにたいして、回答例3のように他動詞「排除する」を使うと、**誰が誰を排除するのかが文法的に避けられ**

5　Kate L. Turabian, *A Manual for Writers of Research Papers, Theses, and Dissertations*, 9th ed. (Chicago: University of Chicago Press, 2018), 117.［ケイト・L・トゥラビアン『シカゴ・スタイル研究論文執筆マニュアル』沼口隆・沼口好雄訳（慶應義塾大学出版会、2012年）］

ない要素として浮上し、結果として主張内容がクリアになる。他動詞モデルではAという主体とBという客体を明示したうえで、AがBになにをするのかという行為（action）を記述せざるをえないため、内容が具体的になるわけだ。

第三に、英語圏では論文で一人称の"I"を積極的に使うように指導することが長らく一般化している。ためしに、大学出版局から出ている研究書やジャーナルに掲載された論文のアブストラクト（要旨）に目を通してみるといい。あなたは"I argue"というフレーズの頻用ぶりに驚かされることだろう。日本でこの文化が浸透していないという事実それじたいはとくに問題ではないのだが、アーギュメントを提出する箇所において一人称"I"を使うという感覚と、「ここが自分のアーギュメントなのだ」という強い自覚とは、密接につながっている。**論文とは、あなた個人の主張を提出し、それを論証する責任を負う、そういう場なのだ。**

4．結論

上記の内容はアーギュメントの意味を理解してもらうための方法的な内容であって、わたしたちはまだ論文執筆に十分なアーギュメントの構築に到達したわけではない。ただ、アーギュメントを「鍛え抜く」ような訓練もいっぽうで必要なのだが、読者にはまず、**回答例３レベルのアーギュメントを日常的にたくさんつくる練習を積む**ことをお薦めしたい。

アーギュメント構築の練習の機会は、そこらじゅうにある。ふだん映画やドラマなどの作品を観たときでもいいし、ニュースを見たときでもいい。あるいは他人の意見を聞きながら、その人のアーギュメントをセンテンスにする、あるいはそもそもアーギュメントをもっているかどうか考えるといった作業も役に立つだろう。

あるいは、たとえばSNSなどで盛り上がっている議論を目にしたとき、あなたは自分のアカウントで、「考えさせられた」とか「Xが重要だと思う」などとは簡単に言えても、「AはBをVしているのだ」といった強い主張を発信することに、**一定程度の躊躇を覚える**はずだ。それこそがアーギュメントに接近している証である。反論可能性にさらされ、論証の責任をともなう主張、それがアーギュメントなのだから。

いま、もしかするとアーギュメントというのはずいぶん喧嘩腰だなと感じている読者がいるかもしれない。これは英語圏にも存在する誤解で、そもそもargueは日常的な用法においては「言い争う」といったニュアンスの強い動詞である。この点についてトゥラビアンは、この意味でのアーギュメントは相手を「言い負かして黙らせる」ことが目的であるのにたいして、アカデミックなアーギュメントというのは「好意的だが懐疑的でもある仲間との会話のようなもの」だと述べている。**彼らはあなたのアーギュメントにかならずしも反論しない（するかもしれない）が、ともかく、そのアーギュメントが十分に論証されたと考えるまではその意見を受け入れることはない**[6]。あなたが想定すべき「読者」像は、そのような存在だ。

アカデミアとはつまるところ、こういった「会話」の総体である。それは日常会話よりは間違いなく論争的な営為だが、研究者はあくまでも共通の目的に向かってああでもないこうでもないと議論を繰り広げているのであって、たとえば著者Aが著者Bを批判したという事実をスキャンダルのように捉えるのは素人の感覚だ——これがまさしく次の章でとりあげるトピックである。

本章は冒頭で「論文とはなにか」と問い、そして「論文とは、ある主張を提示し、その主張が正しいことを論証する文章である」と書いた。そう、**これがまさしく本書のアーギュメントなのだ。**そして、このアーギュメントを、わたしたちはいまから鍛えてゆくのである。現時点でこれをいいかえれば、次のようになるだろう——

論文とは、アーギュメントを論証する文章である。

いまあなたには、この定義の意味が、本章の冒頭とはまったく違って見えているはずだ。

6　Turabian, *A Manual for Writers*, 52.

査読について

本書に何度も登場する「**査読**」という制度について、すこし詳しく解説しておこう。

研究者は論文を書いて出版することが仕事の中心にあるわけだが、執筆者が学会誌（ジャーナル）に論文を投稿すると、専門家によってスコアがつけられ、そのジャーナルに載せてもよいかどうかが審査される。これが「査読」なのだが、その審査過程は、**初学者が想像するよりもはるかに厳しい**ものである。

はじめてジャーナルに投稿するとき、多くの院生にとってはじめての経験となるのは、**読者の顔が見えない**という事態である。どこの誰だかわからないがその論文のトピックについて詳しい専門家によって自分の論文がジャッジされるわけだ。むろん彼らは悪意をもって読むわけではないが、しかし、それは自分の名前や顔や声や性格や癖や興味や研究内容などを知っている「厳しい」指導教員に読んでもらうのとは、わけが違う。

投稿された論文は、学会が選んだ編集委員と、場合によっては外部の専門家の、2名ないしは3名によって読まれるケースが多い。学会にとってジャーナルに載せる論文のクオリティは沽券にかかわる問題であり、彼らは執筆者が未熟な院生であることなど斟酌してくれない。あなたはジャーナルへの論文投稿で、はじめて大学名や研究室などのバックグラウンドを失い、**生身のいち研究者として審査員たちのまえに立たされる**ことになる。これが査読である。

……と書いてみたが、これはなにも脅かそうとして書いたわけではない。このことが重要なのは、論文というのは冒頭から「こいつはダメそうだ」という印象を与えないように、かなり警戒・工夫して書かねばならないということを意識するためである。とくに1本目の査読論文は、**ガチガチにビビりながら書く**くらいでちょうどいい。しかし、そうなるとこんどはなかなか1本目の投稿に踏みこめないという事態に陥りかねないのだが、そのあたりのバランスを、本書でつかんでもらおうというわけだ。

Column

第２章
アカデミックな価値をつくる

１．アーギュメントの価値

前章の「アーギュメントをつくる」では、第一にアーギュメントというものの性質、そして第二に、ぎりぎりアーギュメントと呼べそうなテーゼをつくるための手順、その２点を解説した。

さきに『アンパンマン』について最終的に到達した主張「男性中心主義的な物語が女性キャラクターを排除している」は、きわめて弱いながらも、ひとまずアーギュメントと呼んでもよい体裁をしている。いいかえれば――アーギュメントの定義を思い出そう――これは論証が必要なテーゼである。

だがしかし、これはまだ、論文のアーギュメントとしては不十分なのである。

なぜこのアーギュメントは不十分なのか。それはひとつには、陳腐だから――なのだが、わたしたちは自分がつくったアーギュメントが陳腐なのか斬新なのか正確に判断する力などもっていない。では、**論文のアーギュメントの良し悪しの基準は、いったいどこにあるのだろう？**　本書がたびたび使ってきたアーギュメントが「弱い」という形容は、より具体的にはどういう事態を指すのだろう？

前章で解説したのは、あくまでもアーギュメントの**形式**であった。そこでわたしたちは、アーギュメントを「もたない」状態から脱却するための初歩を学んだ。つづいて本章では、アーギュメントの**内容**に踏みこむことになる。アーギュメントをつくれるようになったとして、ではそのアーギュメントの価値はいかにして評価・判断・決定されるのか――これが、論文執筆におけるふたつめの大問題である。

レポートの添削から学会誌の査読コメントまで、人文学における論文評価には**「面白い」**という言葉が氾濫している。たしかに面白さは価値であるには違いないが、しかし、面白いか陳腐かという判断は評者がもっている知識網や興味に左右される主観的なものであり、「面白い論文を書きなさい」というアドバイスは初学者への指針として無価値である。

わたしたちは最終的に、顔の見えない査読者からOKをもらえるような論文を書く必要がある。だからアーギュメントの良し悪しを「面白いかどうか」という曖昧な基準で判断すべきではないし、もしあなたが研究者を目指すなら、「誰かが面白がってくれたらいいな」といった淡い期待で研究プロジェクトをたてるのはリスキーであるだけでなく、プロフェッショナルではない。

だから、斬新／陳腐とか、強い／弱いとか、面白い／つまらないとか、そういった判断を今後は禁じ、**アーギュメントの価値の内実を正確に言語化する**必要がある。それが本章の仕事だ。

前章と同じく、まずは原則をラフに把握するところから始めよう。論文のアーギュメントは、その主張内容に**アカデミックな価値**があると認められたとき、はじめて十分だとみなされる。論文のアーギュメントに求められる価値とは、学術的(アカデミック)な価値であり、その他にはない。今後はアーギュメントの価値判断を、この「アカデミックな価値の有無」という一点のみに絞って論じる。

ルール③　アーギュメントはアカデミックな価値をもたなくてはならない。

このあらたなルールもまた、徐々に掘り下げながら理解を深めてゆこう。

2．アカデミックな価値をつくる

アーギュメントがアカデミックな価値をもつかどうかは、いかにして評価されるのだろうか。問題を具体的に考えるために、以下では例として、わたし自身

が前章で提出したアーギュメントを使いながら考えてみたい。ふたたび確認しておけば、わたしは、

> **論文とは、アーギュメントを提出し、それが正しいことを論証する文章である。**

と主張した。これは「論文とはなにか」というトピックについてわたしが述べた、論証が必要な（反論可能な）テーゼである。つまり、これは一種のアーギュメントである。では、このアーギュメントはアカデミックな価値をもつのだろうか？　これを簡易的に検証してみよう。

この主張のアカデミックな価値の有無を調べるために行わねばならないのは、同様のトピック「論文とはなにか」についてこれまで書かれてきた文章、つまり**先行研究のリサーチ**である。じっさい、多くの論文執筆ノウハウ本は「論文とはなにか」というセクションを設け、論文に定義をあたえている。

ここでは手始めに、日本で現在もっとも広く読まれているアカデミック・ライティング本である戸田山和久のロングセラー、『論文の教室』を参照しよう（後述するように、ここで有名な本を選んだことには意味がある）。

戸田山は、まず同書が扱う「論文」の範囲は期末レポートから卒論までであり、本格的な学術論文は含まないとしたうえで、「論文」を次のように定義している。すなわち、論文とは（1）問いがあり、（2）それへの答えを主張し、（3）その主張を論証する文章だ、というものである[1]。ほかにも多くの影響力ある論文執筆ノウハウ本が、これと同様の定義を与えている[2]。

だが本書の論文の定義は、こうした現在日本で流通している論文観と異なっている。そのもっとも重要な相違は、本書が**論文に問いは必要ない**と主張する点

1　戸田山和久『最新版　論文の教室――レポートから卒論まで』（NHK出版、2022年）、15、45頁。

2　たとえば日本でもっとも読まれているアカデミック・ライティングの教科書のひとつは、「「問い–答え」形式を持たない文章表現は論文ではありません」と断言している。河野哲也『レポート・論文の書き方入門』第4版（慶應義塾大学出版会、2018年）、33頁。

だ。問いは、あってもかまわないし、ある場合が多いし、効果的に用いることも可能だが、**問いの有無は論文の成否における条件とは本質的に関係がない。**

「問いは必要ない」ということについて、具体例で考えよう。本書は「論文とはアーギュメントを論証する文章だ」というアーギュメントを提出した。そのとき、たしかにわたしは「論文とはなにか？」という**問い**を最初にたてたが、しかし問いをたてずに、いきなり「本書では論文を定義する。論文とはアーギュメントを論証する文章である」と主張しても、まったく問題なく成立するのである。

つまり問いとは**主張内容から逆算していつでも形式的に生成可能**なものにすぎない。ここで問いの有無は、あくまでレトリックと効果の問題にすぎないのだ。

この「論文には問いが必要である」という論文理解には、じつは二次的な弊害がある。それは「問いをたてて答えるというフォーマットで書かれた文章」という定義が、論文の成立における**十分条件であるという誤解**を招いてしまうということだ。

じっさいには、**第一にその「答え」がアーギュメントと呼べる主張になっており、第二にそのアーギュメントにアカデミックな価値がないかぎり、論文は論文として成立しない。**この２点こそが真に重要かつ困難なのであって、問いの有無にこだわると学習者のフォーカスがずれてしまいかねない。

さて、いまわたしは、戸田山の意見を引用し、「論文の成否に問いの有無は関係ない」と、つまり戸田山の論文の定義は間違っていると批判した。この**引用**と**批判**というふたつの手続きは、アカデミックな価値のつくりかたと密接にかかわっている。

まず引用について。ふたたびベルチャーを参照すれば、彼女はアーギュメントの条件のひとつに、それが「なんらかのアカデミックな会話（conversation）から派生するか、またはそれとリンクしている」主張であることを挙げている[3]。

3　Belcher, *Writing Your Journal Article*, 67.

前章の末尾でも「好意的だが懐疑的でもある仲間との会話」という学術活動のイメージを引用したが、アカデミックな価値の有無を捉えるにあたってこの「会話」という比喩はとても有益である。この「会話」とは、**特定のトピックに興味をもつ論者たちが現在どのようなことを話していて、現状どんなコンセンサスが取れているかという、トピックの周辺をとりまく意見の総体のようなもの**だと考えてほしい。

ベルチャーが「派生するかリンクしている」と言っていることに注意しよう。彼女の主張を逆にとらえれば、それは**誰も話していないトピックについていきなりアーギュメントを提出してもダメ**だということである。アーギュメントは、すでに交わされている「会話」に参入するものでなくてはならない。

なぜなのか。これは、論文における先行研究の引用という慣習の根幹にかかわっている。もちろん引用には先人に敬意を払うとか、あるいは「ちゃんと勉強しました」ということを先生にアピールするとか、いろいろな機能がありうるが、それが不可欠である本質的な理由は、**他人の意見を引用しないかぎり自分のアーギュメントにアカデミックな価値があるということを示すことが構造的に不可能である**ためだ。

あなたは自分の意見に価値をもたせるために、だしぬけに奇抜なことを言っても無駄である。それは面白そうではあっても客観的には価値評価できない意見として、宙に浮いてしまうのだ。あなたは誰が読んでも「これにはアカデミックな価値があるらしい」と判断できる形式で自分のアーギュメントを表現する必要がある。そのためには、**現行の「会話」を整理することでコンテクストを用意し、それと自分のアーギュメントとの関係を述べなくてはならない。**

アカデミックな価値は、多くの読者が「面白い」と思ったときに発生するのではない。それは、**先行研究を引用し、自分のアーギュメントが現行の「会話」を更新するものであることを示すことによって、自分でつくるもの**である。それを評者が間違いなく把握できるように書くことは、著者の責任なのだ。

ではどのようにして会話を「更新」すればよいのだろうか。ここにふたつめの問題、つまり批判の必要性がかかわっている。

野矢茂樹の名著『論理トレーニング』は論理学の入門書だが、その最終章は「論文を書く」と題されており、野矢はそこで、そもそもなぜ論文を書くのかという根本的な問いにたいして、「そのもっとも大きな動機は、異なる意見があるからである」と答えている[4]。つまり、**論文はつねに一種の反論として書かれる**というわけだ。きわめてシンプルでありながら、これは「アカデミックな価値とはなにか」という問いへの本質的な回答になっている。

あたりまえだが、すでに誰かが言った意見を反復することに価値はない。ということは、あなたは「会話」に参加しながら、なにかしら新しいことを言う必要があるわけだ。そのときあなたは、「こういう要素も考慮すべきである」といったマイルドなものであれ、あるいは「現状の理解は間違っており有害でさえある」というアグレッシブなものであれ、とにかく現行の「会話」が**なんらかの意味で不十分**であると言わざるをえない。そこにはかならず一種の批判が、否定のモメントが介在することになる。

論文は、かならず「いまＡだと思われているが、じつはＢなのである」という否定の形式を含んでいる。Ｂがあなたの主張、つまりアーギュメントだ。この「否定」の表現方法にはさまざまなバリエーションがあるわけだが、ひとまず現時点では、この**否定と主張のセット**を、アカデミックな価値をつくるうえでの必須条件だと考えてもらいたい。

ここまでの話を法則化すれば、つぎのようになるだろう——

ルール④　アカデミックな価値は引用と批判によってつくられる。

現時点ではすこし発展的な内容になるが、ここでふたつの重要なことに触れておく。

ひとつめ。本節では戸田山の批判をつうじて、論文の定義についての理解を一歩進めることを目指したわけだが、そこでわたしは「わたしの論文の定義は戸田山の定義と違います」と主張するだけでなく、「問いに答える文章という論

4　野矢『論理トレーニング』、164頁。

文理解の二次的な弊害」に言及した。この作業をつうじて目指したのは、ただ「違います」と言うだけの批判を一歩超えることだった。つまり、ただの否定ではなく、**じっさい現行の「会話」には問題があるのでこの批判は必要なのだということを示そうとしている**のだ。

論文の主張を否定することは、どんなに無知な者にでも可能な操作である。だからそれは濫用すべきではなく、わたしたちは**なぜ先人の知見を否定・批判することが重要なのかをきちんと説明する責任がある**。これは初学者には難しく、はじめから気にしすぎる必要はないが、はじめから知っておいてもよい態度ではあるだろう。

ふたつめ。引用と批判によってアカデミックな価値をつくるとき、**批判対象となる意見Aがひろく受け入れられたものであればあるほど、あなたの主張Bの潜在的な価値は大きくなる**。ごく少数しか信じていない意見をひっくりかえしても、「誰もそんなこと信じてないよ」と言われて終わりだからだ。さきに「例が有名である」ことが重要であると簡単に触れたのはこのためである。

もちろん同時に、影響力のある意見というものは一定の妥当性をもっているから受け入れられているのであって、**有名なテーゼであればあるほど批判は難しくなってゆく**。ではどのあたりが自分に可能な批判なのか、あなたが提出すべきアーギュメントはどのくらいの価値をもつべきなのか——かくしてわたしたちは、「アーギュメントを鍛える」という問題にべつのルートからふたたび到着したことになる。

だが前章でも述べたことだが、アーギュメントの価値を高めること、つまり価値の大きな論文を書くことに、初学者はこだわる必要はない。まずは論文執筆の最低条件から開始し、そのアウトプットに習熟したうえで、徐々により大きなプロジェクトに挑戦すればよいのだ。

３．人文学のアカデミックな価値

わたしはひろくいえば「文学部」の出身であるが、研究者だというと、かなりの頻度で「文学部の研究ってなにすんの？」と聞かれる。じっさい、人文系の学問におけるアカデミックな価値というものは、自然科学のそれと比較すれば、かなりわかりにくいところがある。

というわけで本節では、人文学におけるアカデミックな価値の事情について説明してみたい。便宜上、人文学と自然科学を排他的なものとして記述するが、じっさいはここまで綺麗にイチゼロで区分できないということはことわっておく。

文系と理系におけるアカデミックな価値の違いをざっくりと理解するために、マット・マイトが作成した有名な図解を参照してみたい[5]。右の図でマイトは、**人類がこれまで獲得・蓄積してきた全知識の総体**のようなものを、ひとつの円で表現している。そのうち色の塗ってある部分が、あなたが知っている事柄だ。円の中心に寄れば寄るほど誰もが知っている常識に近づき、外縁に寄るにつれて知識の専門度は増してゆく。そういった図である。

小学校、中学校、高校と進むにつれて、わたしたちは中央から外側にむかって、徐々に知識を増やしてゆく。およそ高校までは誰もが知る事項、つまり義務教育の内容を共通して学ぶことになる。その後、大学に入って「専門」を学んだとき、あなたの知識の領域はすこしイビツなかたちで広がる。ほかの誰もが知っているわけではない専門知識を身につけるからだ。その専門を探求してゆくと、あなたはやがて円の外周に接近してゆく。

マイトがこのような図を考案したのは、学術活動というものをイメージ化して捉えるためである。この図が主張していることを言語化すれば、それは**人間の知識の総量をちょっとだけ拡大する仕事が研究論文だ**というものだ。知識の専門性を尖らせにとがらせた結果として、円の形状をほんのすこしだけ変化させ

5　Matt Might, "The Illustrated Guide to a Ph.D." https://matt.might.net/articles/phd-school-in-pictures/

た瞬間——つまり人類にあらたな知見をもたらすことに成功した瞬間——そこに論文としての価値が発生する。つまりマイトはこの図で、アカデミックな価値とはどういうものかをビジュアライズしようとしているわけだ。

この円が、これまでに人類が手に入れた全知識であるとする

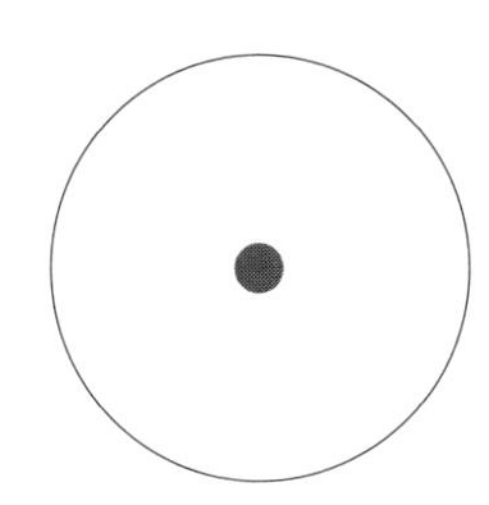
小学校を終えると、このくらいの知識が身についている

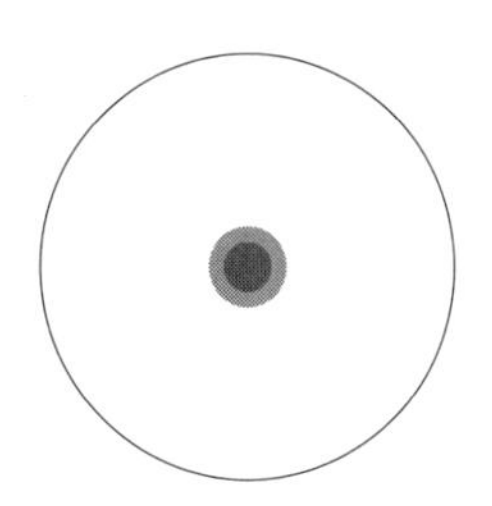
高校を卒業する頃には、もうちょっと増えている

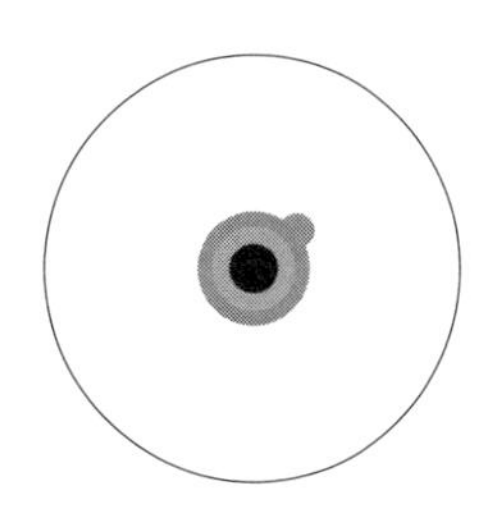
大学では、学部ごとの専門的な知識を手に入れる

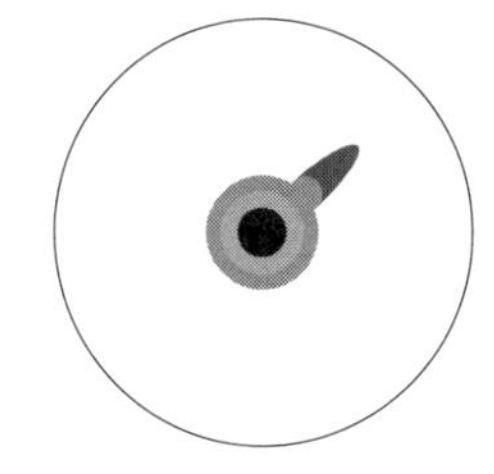
修士号を取ると、その専門性が深まる

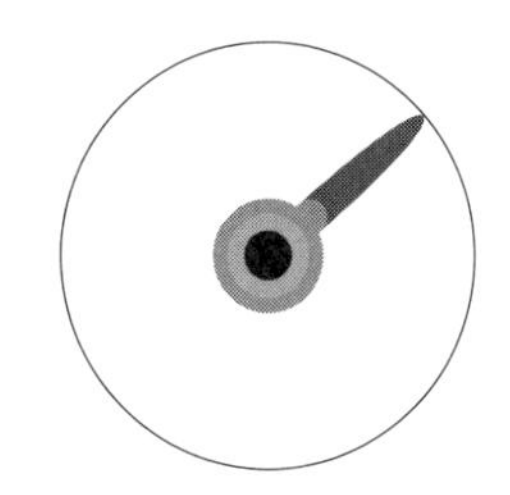
学術論文を読むうちに、人類の全知識の端っこに到達する

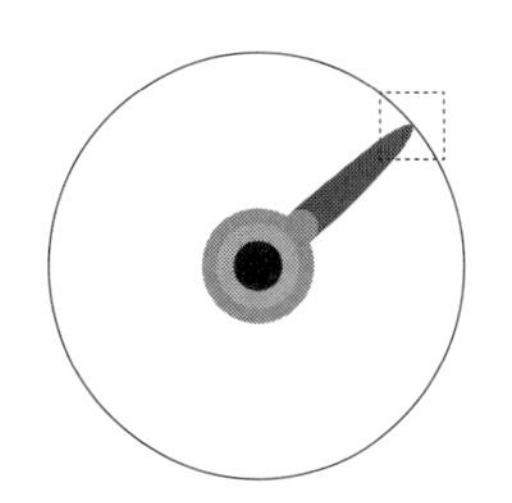
拡大すると……

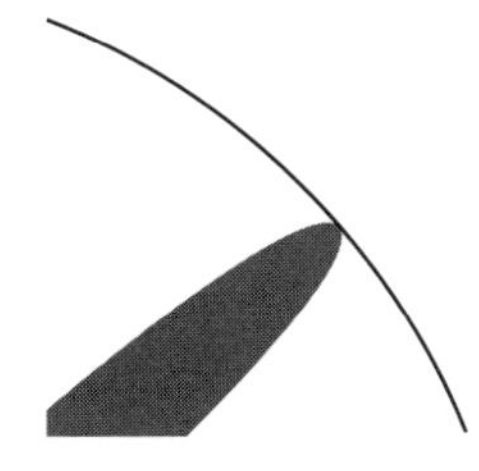
数年かけて、人類の知識の境界を押し続けると

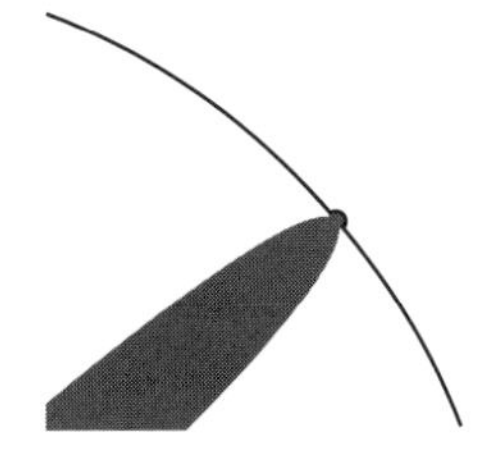
いずれその境界を突き破ることになる

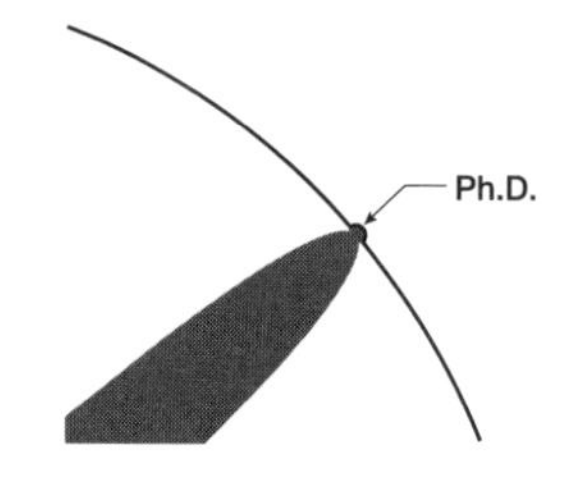

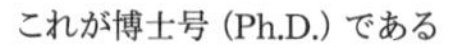
これが博士号（Ph.D.）である

いま、あなたにとって世界は違って見えるだろう

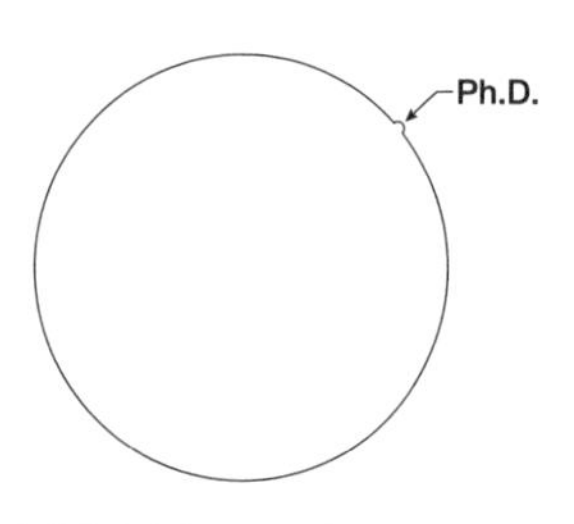

全体像を忘れてはいけない。押し続けよう

このモデルから得られるアカデミックな価値についての理解をパラフレーズすれば、それは「**これまで誰も知らなかったことを発見して、人間の知識の総量を増やすこと**」といったものになるだろう。

これはまったく間違っていないのだが、しかし、これから人文学におけるアカデミックな価値のつくりかたを学ぼうとする者にとって、この理解には２つの問題がある（いまわたしは、わざとらしく引用と批判というプロセスを反復している）。

第一に、マイトは卒論や修論では円周の外枠まで到達することはなく、PhD、つまり博士論文ではじめてそれが可能になると考えている点（戸田山もこれと似た区分を導入していた）。だが本書は期末レポートだろうが博士論文だろうがジャーナル論文だろうが、**アカデミックな価値をもつアーギュメントを提出してそれを説得的に示すという点においては、一貫して同じである**と考えている。

第二に、マイトはコンピュータ・サイエンスの研究者なのだが、このモデルは自然科学にはバッチリ当てはまるものの、人文学における学術的な価値はかならずしも「これまで知られていなかった知識をあらたに発見する」といった方法でつくられるわけではない、という点。この図でイメージされるような「外縁の更新」は、文系の学部生のレポートに求めることはなかなかできない。

マイトの図では「知の限界を押し広げる」というモデルを採用しているが、**人文学においては「新発見」を発表するという形態の論文はまれである**。ないわけではないが、もちろん、そんなことは学部生にはまず不可能である。ではどう考えたらよいだろう。

たとえば人文学の近年の成果から、誰もが知っている大きな例として、**クィア理論**を考えてみたい。

ここではクィア理論の豊かな歴史を思い切って単純化すれば、これは男女間の異性愛が唯一の愛であるという考えを否定し、たとえば同性愛差別などを批判するための枠組みである。セクシュアル・マイノリティを差別すべきでないという考えは古くから存在し、さまざまな運動も展開されてきたが、この考えがひろく人口に膾炙するようになったのは、1990年前後に活動した理論家たちによる貢献が大きい。

同性愛者はまず、「正常」な異性愛者とは違う、異常で危険な「変態」であるとみなされていた。同性愛者たちはそのことに意義を申し立ててきたものの、差別は是正されることがなかった。むしろ、ほとんどの人が同性愛は異常であり「変態」なのだと当然のように考えていた、つまり差別だと認識すらされていなかった。同性愛＝「変態」、異性愛＝「普通」、それは円の中心部にある「常識」だったというわけだ。

そこで理論家たちは、差別主義者たちが用いていた「変態」つまりクィア（queer）という差別用語をあえて自分たちで用い、クィア理論、すなわち「変態理論」というギョッとするような名前を武器にして、反撃に転じた[6]。そして長い年月を経て、同性愛＝変態という「常識」はついに覆され、いまや各種のセクシュアル・マイノリティは個性として認められるべきなのだという考えは、活動家や知識人層にとどまらない一般論となった。

この例からわかるのは、**人文学の機能のひとつは「常識」を刷新することだ**と

6　差別用語をあえて用いてその意味合いを批判的に捻じ曲げるこうした行為を、人文学ではreappropriationと呼ぶ。これは直訳すれば「再所有する」という意味だが、「奪用」という訳語はその「差別者から用語を奪う」という意図をうまく掬っている良い訳である。近年では障害者が日本語でいえば「かたわ」に近い差別用語にあたるcrippledを用いて、新しい学問領域である障害学をcrip studies（かたわ研究）と自称している。一般的には差別用語を用いないことが社会的正義の実現につながると考えられがちだが、差別用語をあえて用いる攻撃性にこそラディカルさの可能性は宿りうる。

いうことだ。

マイトの図では円の中心に常識が、外縁に専門知が位置しており、専門知を更新するのがアカデミックな価値の条件になっていた。しかし人文学においては、むしろ**円の中心にあって疑われもしないような「常識」をひっくりかえすような仕事にこそラディカルな力が眠っている**——つまり、アカデミックな価値が大きくなる可能性を秘めている。

ただ、マイトのいう「外縁」も人文学には存在しているし、この円のモデルじたいは有益である。いまクィア理論を例に述べた人文学におけるアカデミックな価値の原理をマイトの図で喩えるなら、それは**円の内部においてある箇所の色を塗り替えるような作業**だと言ってもよいかもしれない。

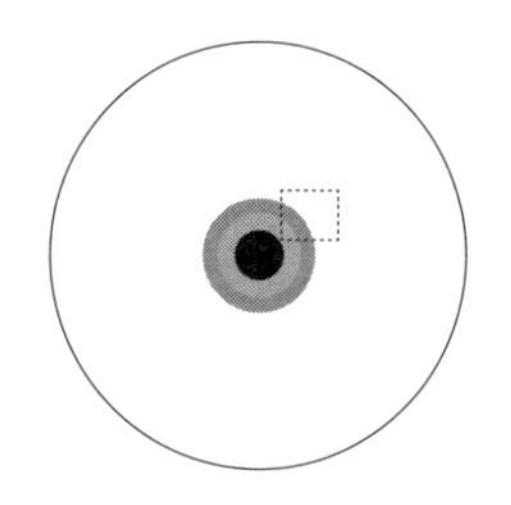
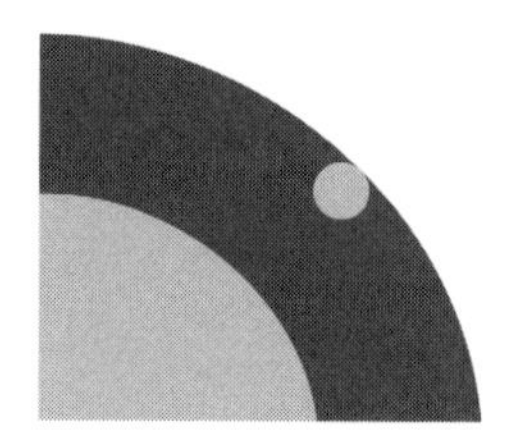

もちろん、クィア理論のように甚大な影響力をもつ枠組みの提出を期末レポートに求めることなどできない。しかし、たとえば「『アンパンマン』のジェンダー」とか「論文の定義」のように**トピックを狭い領域に絞って、先行研究（会話）のリサーチにもとづいた引用と批判によって、ささやかな範囲の色の塗り替えを行う**くらいなら、学部生の期末レポートにも不可能ではない。

ここで重要なのは、この方針でいけば学部レベルでも全員が査読論文として出版可能な文章をレポートとして提出できるかどうかという点ではない。そうではなく、**そもそも論文とは、アーギュメントとは、引用とは、アカデミックな価値とはなんなのかを正しく理解・把握したうえで期末レポートなり卒論なり査読論文なりに取り組むべきだ**という点だ。それを知ったうえで失敗しないかぎり、その執筆から論文について学ぶことはなにもないからである。

４．結論

本章ではアカデミックな価値をつくるにあたって、**引用と否定**が必要なのだという話をした。この否定という側面について補足することで結論としよう。

わたしはベルチャーと野矢には肯定的に、マイトと戸田山には否定的に言及した。しかしそれは、わたしがマイトよりもベルチャーに、戸田山よりも野矢に好意を抱いているからこうなったのではない。４人とも論文について素晴らしい議論を提出しており、わたしは彼らの仕事をどれも尊敬している。それらは**わたしの議論を展開するさいに必要かつ有益だったからこのように引用したにすぎない**のであって、やろうと思えば、ベルチャーと野矢のべつの箇所を引用してそれをディスりながら書くことだってできたわけである。

経験の浅い論者は批判を、なにかスキャンダラスな行為だと考えてしまいがちである。だがすでに述べたように、アーギュメントのひとつの条件は反論可能であるということなのだった。批判的引用とは敬意の表明の一形態なのであり、その論文や書籍に価値がないという主張とは異なる——それどころか、まったく正反対である。価値があるからこそ引用・批判して、その基礎のうえにアーギュメントをたてるのだ。

だからアーギュメントは、「たしかにそのとおりだ」でも「それは違う、なぜなら……」でもよいが、ともかく当該の「会話」に参加している論者たちからリアクションを引き出して会話を進めることができれば——つまり引用されて次の「会話」につながれば——成功なのである。

くりかえそう、あなたが提出すべきなのは万人が即座に納得する主張ではない（それはアーギュメントではない）。**アカデミックな価値とは、反論可能な主張の提示によって会話を進めたときに発生する**のだ。ただし、だからといって極端に奇抜なアーギュメントを提出して誰ひとり説得できないのなら、それはやはり論文にはならない——これが次の章の話題になる。

ともあれ、本章もアーギュメントを鍛えることに成功した。現時点で本書のアーギュメントは、次のようなものである——

論文とは、アカデミックな価値をもつアーギュメントを提出し、それが正しいことを論証する文章である。

次章では原理編の最終段階として、この現時点でのアーギュメントの最後の部分、すなわち「それが正しいことを論証する」を鍛えることで、論文の定義を完成させよう。「論証」とは、そして「正しい」とは、いったいどういうことなのだろうか。

第３章
パラグラフをつくる

１．方法としてのパラグラフ・ライティング

本書は原理編に３章を割いているが、そのうち、この第３章はいささか独立している。

第１章ではアーギュメントについて、第２章ではアカデミックな価値について論じた。これらの２項目は、論文という書き物において、ある共通点をもっている。それは、**どちらもイントロダクションで述べるべき事項であり、そして短い記述で済んでしまう**ということだ。

しかし論文そのものは、スタイルとフォーマットにもよるが、イントロの約10倍規模の長さをもった文章である。アーギュメントは一文で終わってしまうし、アカデミックな価値の提示も、せいぜい２段落もあれば十分である。だが人文系の本格的な論文は１万字とか２万字といったオーダーの長い文章であり、あなたはその字数を、なんとかして埋めなくてはならない（参考までに、本書の各章は１万字程度の長さで書いている）。

これは、あなたのターゲットが3000字程度の短いレポートでも同様である。どんな字数で書こうとも、アーギュメントとアカデミックな価値の説明だけで論文を終えることはできないのだから。わたしたちは、**論文全体の分量のじつに９割を占める「本文」を書かなくてはならない**のだ。

論文には、**イントロ、本文、結論**という３種類のセクションがあり、それぞれに役割が異なる。そして人文学においてはイントロと結論の自由度はきわめて

高く、ちょっと書くのが難しい（それぞれ実践編で詳述する）。もちろんイントロに書かねばならない必要事項というものはあるわけだが、たとえば冒頭をどのように書きはじめて読者の興味を惹くか、その方法などは無限の可能性に開かれていると言ってよい。

それにたいして本文における自由度は相対的に限定されており、基本的には、ある決まったルールに従って書くことになっている。そのルールが、よく知られた**パラグラフ・ライティング**というものだ。

パラグラフ・ライティングはかなり浸透したテクニックで、フォーマルなアカデミック・ライティング本なら、日本でもかならず紹介されているものだ。いわく、「パラグラフ」と日本語の「段落」は似て非なるものである、1つのパラグラフでは1つのトピックについて書く、パラグラフは冒頭で主題を提示するトピック・センテンスとそれを支持するサポート・センテンスからなる……などなど。

これらはすべてパラグラフ・ライティングの正しい理解である。だが日本の論文執筆ノウハウ本は、どうもこれらを「論文という形式の文章を書くさいに守らなくてはならない規則」のようにして教える傾向にあるようだ（なんと日本的なのだろう！）。だが**パラグラフ・ライティングを守って書いたからといって、だれも褒めてくれはしない**。ではいったい、どこにこんなものを守る意味があるのだろう？

この第3章で示したいことは、パラグラフ・ライティングは消極的に従うべきルールではなく、むしろ**執筆を助けてくれるガイドとして積極的に活用すべきツール**であるということだ。それはうまく運用できれば、初学者が「本文」を書くためのこのうえなく有用な指針になりうる。つまり、パラグラフ・ライティングは目的ではない。方法なのだ。

本章ではパラグラフという単位を使って準備し、思考し、そして執筆するテクニックの概要を学ぶことをつうじて、人文系の論文という長い書き物における「本文」を解体してみたい。

ところでいま「単位」と書いたが、**パラグラフは論文執筆においてもっとも重要な単位である。**

そもそも初学者にとって難しいのは、頭のなかにある散漫なアイディアを数千・数万という字数の文章へと組織化することにある（これはとても重要である）。いっこうに増えないワードの文字数を見ながら、「もうアイディアは吐き出しきったのに、いったいどうやってあと3000字も埋めろっていうんだ」と途方に暮れた経験を、多くの人がもっていることだろう。

そこでパラグラフが役立つ。**あなたは本格的な学術誌に載る１万とか２万字の論文がいくつのパラグラフでできているか知っているだろうか。**じつは、だいたい20から30あたりが相場なのである。もちろんこれも分野とスタイルとフォーマットによるわけだが、ともかく、あなたは20くらいのパラグラフをしっかりと書くことができれば、それはもう分量的には査読誌に掲載される論文の条件を満たしたことになる。数千字のレポートなら、一桁で済むだろう。

１万字や２万字と言われたらビビってしまうかもしれないが、20とか30のパラグラフと聞けば、それは途方もない数字ではなくなってくる。以下ではパラグラフという単位の意味と機能と成り立ちをしっかり理解することによって、**長い論文を短いユニットに分割して捉える**ことを目指す。

２．論理と飛躍

パラグラフをつくるまえに、パラグラフによって構成された「本文」というものの役割をもうすこし深く理解しておこう。

さきに、イントロと結論は自由度が高くて難しいと述べた。では本文は簡単なのかというと、本文には本文の困難がある。その原因は、さっきから強調しているように、物理的に長いことにある。**そもそも、たかが一文のアーギュメントを論証するために、なぜそんなに長い文章を書かなくてはならないのだろう？**

この点について、ふたたび野矢の『論理トレーニング』を参照しよう。これは論理学の入門書であるわけだが、野矢は同書の冒頭で、**思考において究極的に重要なのは論理ではなく、それと正反対の「閃き」や「飛躍」なのだ**と述べている。では論理の仕事はなんなのか——

> 論理は、むしろ閃きを得たあとに必要となる。閃きによって得た結論を、誰にでも納得できるように、そしてもはや閃きを必要としないような、できるかぎり飛躍のない形で、再構成しなければならない。なぜそのような結論に達したのか。それをまだその結論に到達していない人に向かって説明しなければならないのである。[1]

ここには論文という文章がもつ、ひとつのパラドックスのようなものがある——**論文は飛躍せずして飛躍せねばならない**というのだから。論文の結論じたいは飛躍をともなうアイディアでなくてはならないが、その飛躍は論理によって解消されなくてはならないのだ。

野矢のいう「飛躍」が、本書が述べてきた「自明なテーゼはアーギュメントと呼べない／アーギュメントとは論証を要求するテーゼである」という内容と同じだと気づいただろうか。ここで野矢は「飛躍」と「論理」という言葉で、アーギュメントと本文の話をしているに等しい。

論文とは、**イントロで飛躍したアーギュメントを提示し、本文の論理的なパラグラフでその飛躍を埋める文章**である。これが、現在のわたしたちのアーギュメント「論文とは、アカデミックな価値をもつアーギュメントを提出し、それが正しいことを論証する文章である」の後半部分「それが正しいことを論証する」の具体的な意味だ。

そして飛躍は、ひとつのパラグラフでは埋まらない。たぶん3つや4つでもまだ足りないだろう——そう、これが人文系の論文が長い文章であることの本質的な理由なのだ。それは**アーギュメントが大きな飛躍をともなうから**なのである。まさしく「論理の飛躍」を論理によってならだかに「ならす」ために、たくさんのパラグラフが必要になるのだ。

1　野矢茂樹『新版　論理トレーニング』、1-2頁。

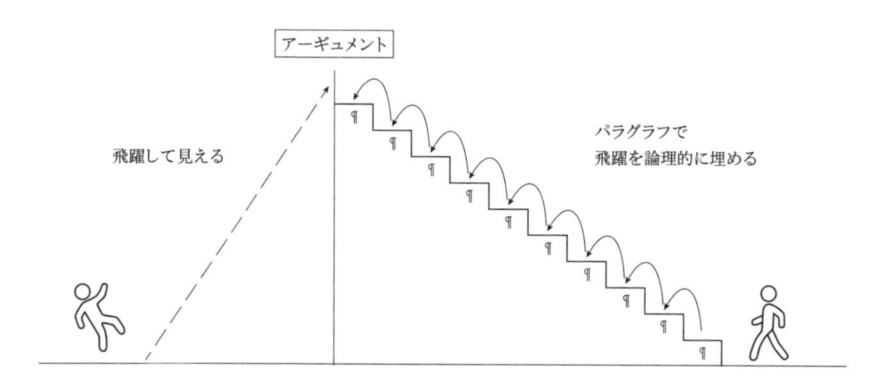

「本文」は論理が支配する領域であり、誰が読んでも最終的にはアーギュメントの主張内容に納得できるよう、無理なく、ミスなく、ゆっくりと論証しなくてはならない。**本文はミスってはいけないセクションなのに長いから難しい**のである。そこでは、ダイレクトに執筆の実力が問われる。

これが「本文」がもつ機能の基本的な理解である。ではじっさいのパラグラフはどう書けばいいのか。パラグラフ・ライティングという規則は、どのように使えば役に立つのか。

３．パラグラフ・ライティングをつかう

さきに狭義の「パラグラフ」の一般的な定義を述べた。重要な２点を再確認すれば——

1）１つのパラグラフでは１つのトピックについて書く
2）パラグラフは冒頭のトピック・センテンスとそれを支えるサポート・センテンスからなる

このようなものだった。パラグラフ・ライティングを執筆のツールとして用いるための方法論は、これらのルールをいわば逆手に取ることによって導かれる。順を追って説明しよう。

まず（1）のルールは一般に、**ワンパラグラフ・ワントピックの法則**と呼ばれている。このルールを「使える」ものにするために、つぎのように２つの側面へと分割してみよう。すなわち、第一に「１つのパラグラフは１つのトピックをもたねばならない」、そして第二に「１つのパラグラフで２つ以上のトピックを述べてはならない」。

第一の側面について。あなたは論文を書こうとするとき、本格的な調査をするまでもなく、いくつかのトピックを手にするはずだ。たとえば『アンパンマン』のジェンダーなら、アンパンマンとばいきんまんはもちろん、たぶんメロンパンナちゃんやドキンちゃんなど女性キャラについても書くことになるだろう。さらには、作者やなせたかしの伝記的な背景や思想、出版された時代のジェンダー観、掲載された媒体の文化的な位置づけ、などなどについても話すことになるかもしれない。

この時点では具体的になにを書くかわかっていなくても、このように「トピックをもつ」くらいのことなら、初学者にも簡単にできる。問題はつぎの段階だ。重要なのは、それらは**最終的にパラグラフを構成するトピックの候補なのだ**と意識することである。

ワンパラグラフ・ワントピックの法則とは、いいかえれば**本文全体においてパラグラフとトピックの数が一致する**というルールである。パラグラフの数はトピックの数と同じなのだから、最終的に各トピックは各パラグラフに一対一で対応することになるわけだ。そこから逆算して、はなからトピックをパラグラフの芽として捉えるのである。

「１つのパラグラフは１つのトピックをもたねばならない」――この原則をユルく意識するのではなく、徹底的に厳密に従ってみよう。そうすることで、あなたは気になったトピックを「面白そう」的に曖昧に漂わせておくのではなく、**「これはパラグラフになるか？」というプラクティカルな基準でジャッジする視点**を得ることができる。

本文執筆の準備としては、まずパラグラフ候補のトピックをいくつも並べておいて、あとは調べ物をしたり、アイディアを深めたりしながら、適宜メモを追加して膨らませてゆけばよい。パラグラフをつくるにはこのように、まずは**トピックから育てる**のが初学者にとってもっとも再現しやすい方法である。

つづいてどうするか。『アンパンマン』とジェンダーの例をつづければ、たとえばアンパンマンという主人公について言えることは、けっこうたくさん思いつくだろう。その場合、アンパンマンの話に複数のパラグラフを割いてもよいわけだが、論文執筆を身につけるためのツールとしてパラグラフ・ライティングを使うさいに注意すべきなのは、そこでかならず**複数のパラグラフそれぞれに別のトピックを与えねばならない**ということだ。

第一のルールの２つめの側面──「１つのパラグラフで２つ以上のトピックを述べてはならない」──を思い出そう。このルールに厳密に従うなら、あなたはアンパンマンについて言うことが色々あるからといって、「アンパンマン」という単独のトピックについて何段落も書くべきではない。ただし、それはたんに冗長だからという理由ではない。パラグラフが複数にまたがる場合、たとえば「アンパンマンの男性性」「アンパンマンの女性性」というように下位区分をつくり、**パラグラフと同数の独立したトピックを用意せねばならない**ということだ。

こうすることであなたは、たとえば「アンパンマンって基本的にはパンを与えて困った人を助ける看護精神の権化だよな」「けど結局のところばいきんまんをぶん殴って問題を解決するよなあ、それってどうなんだろう」といった**漠然としたアイディアを、パラグラフ＝トピック単位で分類する**という習慣を徐々に身につけることができる。

初学者にとって困難なのは、トピックを選んでメモを取るという作業ではなく、それらを論文のパーツであるパラグラフという単位へと構築する段階にある。パラグラフ・ライティングの第一のルールを厳守することで、**単発のアイディアをパラグラフへと昇華させるための回路**を手に入れ、そして鍛えようというのが、ここでの趣旨だ。

さて、パラグラフの芽であるトピックとメモをいくつか手に入れたとしよう。つぎなる問題は、ではトピックとメモはどのあたりからパラグラフを構成するのに十分だとみなされるのかという点だ。**トピックはどこからパラグラフになるのか？**　ここでパラグラフ・ライティングの第二のルール——（2）パラグラフは冒頭のトピック・センテンスとそれを支えるサポート・センテンスからなる——が浮上してくる。

第1章でわたしは、「ひとつの長い論文は大小いくつものテーゼを含む」と書いた。そのうち、もっとも高次元にある唯一の「大テーゼ」が、論文全体のアーギュメントだ。ではここでいう「小テーゼ」とはなんなのか。じつはそれが、パラグラフ・ライティングのルールが教える「トピック・センテンス」という各パラグラフの冒頭に置かれる文なのである。**トピック・センテンスとは小さなテーゼである。**

いまわたしは、一般的なパラグラフ・ライティングの定義よりもキツいルールを提案している。一般的に言われる「トピック・センテンス」は、たんにトピックを提示するだけのセンテンスではなく、**論証を要求するテーゼであるべきだ**と言っているのだから。だから以後、「小テーゼ」とか「トピック・センテンス」というフレーズのかわりに、パラグラフの冒頭に置かれるべきセンテンスを本書では「**パラグラフ・テーゼ**」と呼ぶことにしたい。

ルール⑤　パラグラフは冒頭にパラグラフ・テーゼをもたなくてはならない。

通常のアカデミック・ライティングにおいては、トピック・センテンスとは「トピック／主題／テーマ／メイン・アイディアを提示するものだ」などと教えられる。しかし、「トピックの提示」とはいったいどのような行為なのか。なぜそれはサポート・センテンスなる従属的な記述を必要とするのか。こういったことがはっきりしないかぎり、「トピック」とか「主題」とか「テーマ」とか「アイディア」という言葉は初学者の学習を阻害するものでしかない[2]。

トピックや主題の「提示」は、第1章で強調したように、ただそれを「指差

2　ここでひとつ、本書の後半でも紹介するテクニックに軽く触れておきたい。いま本文では日本のアカデミック・ライティング教育とその教科書をざっくり批判しているが、このように特定の著者ではなく一挙に「傾向」を批判する場合、注をつけてその傾向にあてはまる先行研究を羅列するというテクニックが多用される。これは便利であるうえに、初学者にも応用しやすいものだ。

す」行為にすぎない。「この論文は『アンパンマン』のジェンダーについて論じます」というトピックを指差すだけのセンテンスは「主張」未満の宣言にすぎず、論文で必要なのは、そのトピックについて独自のアーギュメントをつくることなのだった。

そして、パラグラフもこれと同様なのである。論文がイントロでアーギュメントを提示せねばならないのと同じで、**各パラグラフは冒頭で小さいパラグラフ・テーゼを提示せねばならない。**だからそれをサポートするセンテンスが必要になるのだ。

さて、ここで一般的なパラグラフ・ライティングよりもキツいルールを提案している理由はもちろん、書くのに役立つからである。

各トピックにメモを追加することでパラグラフの芽を育ててゆく作業は初学者にも遂行可能だが、その各トピックがじっさいにパラグラフとして使えるかどうかの見極めこそが困難なのだと述べた。その困難を克服するために、ここでは**トピックのメモからパラグラフ・テーゼを生成できるかどうかを、パラグラフの成否の判断基準として使う**のである。

パラグラフを育てているあいだは、トピックのメモは散漫なものになりがちである。それでよい。しかし一定程度のメモが溜まってきたら、それらをパラグラフへと統合するための軸として、ひとつのテーゼをつくる。それは「パラグラフ・テーゼをつくるのだ」と意識してつくるものであり、**メモから自然と発生するものではない。**

では、パラグラフ・テーゼとは具体的にどのようなものか。「小」テーゼは、「大」テーゼであるアーギュメントとどう違うのか。じっさいに、パラグラフ・テーゼを含んだパラグラフをつくってみよう。

４．パラグラフをつくる

パラグラフ・テーゼもまたテーゼである以上、論証を要求する主張である。ただし、それはごく小さな一歩でなくてはならない。ではどのくらい小さければよいのか。その条件はシンプルである。**ひとつのパラグラフで論証が可能な規模**であればよい（そして、それより大きくてはいけない）。

では**どのように小テーゼがひとつのパラグラフで論証可能かどうか見極めればよいのか。**この問題を具体的に考えるために、さきに思いついた「アンパンマンの男性性」というトピックを、ためしにパラグラフに発展させてみよう。

ちなみに、論文のメモを作成するにあたって、わたしは長年 Workflowy というアプリケーションを愛用している。これはいわゆる**アウトライナー**というジャンルのツールで、トピックをとりあえず色々と立てておいて、各トピックに下位区分でメモを追記するという作業——つまりパラグラフを育てる作業——には、お誂え向きの定番アイテムだ。

さて、その Workflowy を使って以下のようなメモをつくってみた。『アンパンマン』という作品を人並みに知っていて、Wikipedia をざっと見ただけで書けるくらいの内容である。

『アンパンマン』とジェンダー

- アンパンマンの男性性
  - アンパンマンは「マン」という名前のとおり男性キャラクターである
    - 初期設定ではおじさんだった
  - アンパンマンは通常の男性よりも強靭な肉体をもつ
    - さまざまな殺戮マシンを駆使するばいきんまんに素手で立ち向かうことができる
  - アンパンマンはばいきんまんを殴り飛ばすことで問題を解決する
    - 平和のために用いる暴力は許されるか？
    - そもそも暴力とは男性的なものか？
    - アンパンチの暴力とメロメロパンチの暴力は別物か？
      - メロメロパンチは相手を殴り飛ばさず魅了するだけの技
        - これらはジェンダー化されていると言えるか？
- アンパンマンの女性性
  - アンパンマンは困った人々を助け食べ物を配る看護精神の権化である

ここで情報は上から重要な順に並んでいるのではなく、左からのインデント幅で階層分けされている。いちばん上で太字になっている「『アンパンマン』とジェンダー」という論文全体のトピックのもと、いちばん左にある「アンパンマンの男性性」と「アンパンマンの女性性」というふたつの項目が、パラグラフ候補のトピックとして並列している状態だ。

「アンパンマンの男性性」のひとつ下（右）のレイヤーにある３項目はすべて「アンパンマンは〜」で始まっており、上からそれぞれ、アンパンマンの性別、強さ、暴力、という内容で３項目が立てられている。それ以下の階層のメモは、それぞれのメモに対する注釈めいたコメントや思いつきだ。

ここでまず注意してほしいことは、「アンパンマンは〜」で始まる３つの項目は、すべて**論証を要求しない内容である**ということだ。アンパンマンは男で、平均よりも強くて、作中で暴力をふるう。それは『アンパンマン』を見れば誰もがただちに観察可能な事象であり、「論証」する必要はない。いいかえれば、これらはテーゼではなくファクトである。そして、**ファクトに飛躍はない。**

ザカリー・ショアは『大学院生虎の巻』というきわめてプラクティカルで有益な指南書において、アカデミックな活動において論証に用いることができる道具は事実と論理のふたつしかないと述べている[3]。**飛躍のないもの、それはファクトとロジックなのだ。**

つまり、パラグラフにおいては一文目に小さな飛躍をともなうパラグラフ・テーゼが置かれるわけだが、そのほかの文には基本的に事実と論理しか書いてはいけない。**パラグラフ・テーゼの小ジャンプを、事実と論理によって埋める**のである。

逆にいえば、わたしたちはパラグラフ・テーゼをつくるさい、**メモに書かれているファクトをロジカルに組み合わせれば論証できそうなテーゼを捻り出せばよい**のである。これが「ひとつのパラグラフで論証可能な小テーゼはどのくらいか？」への回答だ。そもそも論証につかう道具であるメモからテーゼをつくるのである。

3　Zachary Shore, *Grad School Essentials: A Crash Course in Scholarly Skills* (Oakland, CA: University of California Press, 2016), 19.「事実」と訳した箇所の語彙は “empirics” である。

ではドリルをやってみよう。もちろん、この問いに唯一の解答はない。

> 例題：上記のメモから、「アンパンマンの男性性」についてのパラグラフ・テーゼをつくれ。『アンパンマン』について論証不要の事実がほかにもあれば、適宜追加してもよい。

もっとも単純な答えは、たとえば「アンパンマンは男性的なキャラクターである」とか、「アンパンマンは暴力的である」といったものが考えられる。アンパンマンが男であり暴力を行使することは自明だが、しかしアンパンマンが「男性的」であるとか「暴力的」であると主張すれば、それは小さなテーゼになる（そしてこれが論文全体のアーギュメントとしては小さすぎるし、1パラで論証できそうだ、ということもわかると思う）。

はじめはこれくらいのささやかなテーゼで練習すればよいのだが、ここではデモンストレーションとして、男性・パワー・暴力という3つのメモすべてを使うような命題をつくってみよう。それは意外に難しくない。たとえば、「**アンパンマンが行使する暴力は男性的なものである**」。

ではもうひとつ演習を。

> 例題：「アンパンマンが行使する暴力は男性的なものである」というパラグラフ・テーゼと上記のメモを使って、300字以上のパラグラフをつくれ。ただし、メモはすべて使う必要はない。

さて、あなたは最初になにをやっただろうか。

ここでまず試してほしいのは、テーゼとメモの総字数をカウントすることだ。ちなみに数えると、もう270字くらいに達してしまう。メモを全部は使わないにしても、300なんてあっという間だ。**メモからパラグラフ・テーゼを抽出さえできれば、もうそのパラグラフは完成に近い**のである。

では、ためしに300で書いてみよう。

> **アンパンマンが行使する暴力は男性的なものである。**アンパンマンは「マン」という名前のとおり、男性キャラクターだ。彼は街の平和維持を担っており、その秩序を乱す存在が悪役のばいきんまんである。ばいきんまんはお手製の殺戮マシンを駆使して悪事を働くが、アンパンマンはそれに素手で対抗できる怪力の持ち主である。お決まりのパターンでは、彼の必殺技「アンパンチ」がばいきんまんを葬ることで物語は一件落着となる。このばいきんまんをぶっ飛ばすアンパンチは、一種の暴力である。たとえば女性のメロンパンナちゃんも「メロメロパンチ」という技を使うが、それを受けた者は目がハートになり錯乱するだけであるのにたいして、アンパンチはフィジカルな暴力だ。メロメロパンチとの対比において、**アンパンチはジェンダー化された男性的な暴力である。**

太字部分がパラグラフ・テーゼであり、下線部分が第一レイヤーのメモである。ほかはおもに下線部分の補足説明で、それらはファクトとロジックの組み合わせになっている。**このパラグラフにおいて論証を要求するのは、第一文のみである。**

ちなみに最後で冒頭のパラグラフ・テーゼを反復しているが、これは最初にテーゼを出して、論証したあと、「ね、冒頭のパラグラフ・テーゼ正しかったでしょ？」という感じでこうする慣習になっている。

じっさい書いてみた人はわかったと思うが、もはや上記のメモからつくるパラグラフとして300字は短すぎるくらいである。そして、**もはや骨格ができてしまえば、それを膨らませるのはものすごく簡単だ。**

次章ではこのパラグラフを1000字に膨らませるドリルをやってもらうが、ここでは「膨らませるのが簡単だ」ということについてひとこと述べておこう。

いま、あなたがパラグラフ候補のトピックを15個もっているとする。そのとき、もしあなたのターゲットが12000字の査読論文なら各パラグラフは800字に、3000字の期末レポートなら200字に設定すればよい。パラグラフ・ライティングを使えば、**各パラグラフを伸縮可能なブロックのように使うことができる**のだ。

このように、パラグラフという単位は強力な執筆ツールとして使うことができる。このメソッドでしばらく練習すれば、あなたはそれが字数稼ぎなどというチャチなものではなく、論文という特殊なジャンルの文章を執筆するために不可欠の単位であることに気づくだろう。パラグラフ、それは**思考のリズムを手に入れるための単位**なのだ。

では最後にパラグラフというものに、いささか冗長な定義を与えておこう。

> **パラグラフとは、パラグラフ・テーゼを事実と論理によって論証する単位である。**

5．結論

これで本書の原理編がおわった。アーギュメント、アカデミックな価値、そしてパラグラフ。これらは論文の三本柱であり、本書ではそれらの意味と機能を、これまでのアカデミック・ライティングの指南書とは大きく異なる形式で解説した。**おそらくこの時点で、論文執筆の精神的ハードルはかなり下がっているものと思われる。**

だがもちろん、ここまではあくまでも「原理編」であって、まだ「頭では理解した」という段階にすぎない。つぎの「実践編」では、執筆や準備の現場において不可欠の知識とテクニックを、よりダイレクトに「つかえる」かたちで提供する。

第４章
パラグラフを解析する

１．アカデミック・リーディング

前章ではパラグラフの役割を理解し、トピックとメモからパラグラフをつくる手順を学んだ。だが前章でつくった300字のパラグラフは、まだ論文では使い物にならない。実践編では、さらに２章にわたってパラグラフについての理解を深め、**本格的な学術論文で通用するパラグラフを書くための知識と技術**を身につけてゆこう。

本章では「書く」ことよりも「読む」ことにフォーカスしてみたい。いわば書くために読むこと、**執筆のための読解**ということについて考えてみたいのだ。

多くの人は、自分では論文を書けなくても、読むことならある程度できる、と考えている。スラスラと正確に読めるかどうかといった話ではなく、ようは**執筆力よりも読解力のほうが高いはずだ**という想定だ。

しかし本書の核にある認識のひとつに、**「書けないやつは読めてもいない」**というものがある。書けないということは読めないということなのであり、読めないということは書けないということなのだ――そう考えたほうが、執筆の役に立つ。

じっさいの執筆の場面を考えてみよう。わたしたちは文章を、「よし、書けてるな」とか「どうもうまく書けていないぞ」などと自己判断しながら書いてゆく。つまり、**わたしたちは書いたそばからそれを読者として読み、出来不出来をジャッジして、修正しながら書き進めてゆく。**

自分の書いた文章であっても、わたしたちはそれを読者として客観的に読みながら書いてゆくほかない。そのとき、書く行為と読む行為は、ほとんど見分けがつかなくなる。書いたものの良し悪しを判断する主体は読者としての自分なのだから、あなたの執筆力は、あなたの読解力そのものである。ようは、**読むときにも書くときにも使っているアタマは一緒**ということだ。

そして、よくよく考えると恐ろしいことは、**ふだん自分の読解力というものを客観的に測定する機会はほとんどない**という事実である。そもそも自分が読めているかどうかの判断そのものが自分の実力に依存しているのだから、読めているのかいないのかを独力で客観的に判断することは難しい——というか、構造的に不可能である。

だから論文執筆の学習者にとっては、「**自分ではよく書けていると思った文章を実力者に批判される**」といった経験を積むことがきわめて重要になる。それは、自分の執筆力＝読解力を測定するための、ほとんど唯一の方法なのだ。

ともあれ、論文を読めも書けもしないという段階においては、いきなり無手勝流で書く練習をして空回るよりも、**完成された既出版の論文をきちんと読む**トレーニングをさきにやったほうが効率的だ。そこで、執筆のための読解というわけである。

そもそもあなたは論文を読むトレーニングをしたことがあるだろうか？　おそらく、せいぜい**冒頭から丁寧に読んで全体の議論をまとめる**くらいの作業しかやったことがないだろう。だがその程度の読解練習では、論文を書けるようになるためには、さほど役に立たない。

わたしたちは論文を書くために、そして論文を書くまえに、もっと分析的な読解力を身につける必要がある。「論文を書く」という目的から逆算された、徹底的にプラクティカルなリーディングの方法論——そのテクニックの総体を、ここから**アカデミック・リーディング**と呼ぶことにしよう。

本章と次章ではアカデミック・リーディングの核となる技術を身につけ、いかにすればそれを執筆の場面において自分でも使えるようになるのか学んでゆこう。以下、手始めに**字数**という誰でも客観的に測定可能な数値に注目したのち、論文全体ではなく**パラグラフを解析する**というトレーニング方法について解説する。

２．フォーマットをつくる

論文にはいくつものルールがあるわけだが、そのうち最初に確認すべきもっとも強力なもののひとつは、**字数制限**である。期末レポートなら短ければ数千字程度だろうし、学術論文なら、おおむね１万から２万字くらいの字数制限を設けている。

前章で、難しいのは散漫なアイディアを一貫した長い文章へと組織化する段階にあるのだとくりかえし述べた。この困難を前章では、トピックから文章の最小構成単位であるパラグラフを生成するという方法によって、いわばミクロな方向から部分的に解決した。

だがトピックからパラグラフをつくれるようになったとしても、論文の完成にはまだいくつかのハードルが立ちはだかる。そのひとつが、初学者は**それぞれのトピックに費やす字数、つまりパラグラフの長さをコントロールできない**ということだ。どのくらいのメモをもとに書けば何字の文章ができあがるか正確な目処を立てられず、たいてい規定の字数に届くまえにアイディアを吐き出しつくしてしまう。

これをどう解決すればよいか。そのための数値的な指針を与えてくれるのが、あなたが投稿しようと考えている媒体から出版された論文である。**すでに完成している論文を解析して、そこから字数についての目安を抽出する**のだ。

自分が書こうとしている論文のフォーマットにのっとって書かれたモデルとなる論文を解析することで、**全体のパラグラフの総数と、各パラグラフの字数についての平均値をとる**。これがアカデミック・リーディングの第一段階だ。

あなたが投稿先の媒体をすでに決定しているなら、その媒体に掲載された論文を何本かピックアップしてほしい。とりあえず投稿先の媒体に載った論文ならなんでもいいといえばいいのだが、選ぶにあたって、いくつかの指標と注意点を挙げておく。

1）**その媒体以外から選ばないこと**。似たトピックについて扱っているほかの媒体に載った論文や、同一著者の単著のチャプターなどを混ぜてはいけない。なぜなら、それらはかならずしもあなたが書こうとしている文章のルールに則って書かれているとはかぎらないからだ。そして本書は、そうした差異を自力で見極められない初学者を想定している。

2）**なるべく新しいものを選ぶこと**。これは研究テーマに流行り廃りがあるからではなく、「ある文章が研究とみなされるか否か」という大きなコンセンサスが数十年単位でゆっくりと、しかし根本的に、変化してゆくためだ。具体的には、ジャーナル論文なら過去10年以内のものから選ぶといいだろう。

3）**自分の関心と近すぎないトピックの論文を含めること**。アカデミック・リーディングで学ぶべきことは基本的に内容ではなく形式であるのだが、モデルにする論文のトピックについて下手に詳しいと、どうしても作業が内容読解に引っ張られてしまう。遠からず近からずといった領域の文章も混ぜておくのがよいだろう。

4）**その媒体に複数の論文を載せている著者を見つけること**。なぜなら、何本も書けるということは、再現性のある一定のフォーマットをもっているということを示しているからだ。そういう著者の論文を横断的に解析すると、パターン抽出がやりやすく、いろいろな発見がある。これを機に、お気に入りの研究者を見つけよう。

5）**生産的な若手研究者を見つけること**。これは傾向の問題だが、ベテランにくらべて、書きかたを覚えたばかりの若手は論文のルールをガチガチに守って書く場合が多い。そうした中級者のぎこちない、しかしそれゆえにリジッドな文章のほうが、フォーマットという面においては参考になる点が多い。

6）もしあなたの課題が期末レポートなら、わたしは**教員に過去のレポートのうち優れたものをいくつか見せてもらえないか頼んでみる**ことをお薦めしたい。

運がよければ見せてくれるかもしれない。まぁ見せてくれなくても、以下の説明を読めば数千字の期末レポート程度なら問題なく自力でフォーマットがつくれるということがわかるだろう。

さて、論文をいくつかピックアップしたら、つぎの作業に取り組んでほしい。

1）すべてのパラグラフに番号をふって、全部で何段落あるか数える
2）各パラグラフの字数をおおまかにカウントする
3）パラグラフの長さのおおよその平均（中央値）をとる
4）自分で書いた文章でも同じ作業をやり、数値をくらべる

この作業の結果として、おそらくほとんどの初学者の文章は、第一に**パラグラフの平均的な長さが短く**、したがって第二に、**パラグラフの総数が多い**ということが判明するはずである。これが初学者の論文とプロの論文をくらべたとき如実にあらわれる、決定的な違いのひとつだ。

もちろんパラグラフの字数など最終的にはバラバラでかまわないわけだが、この数値的な傾向には意味がある。

第一に、パラグラフが短いということは、そのパラグラフで提示する**パラグラフ・テーゼの論証が不十分である**ということを示唆している。査読をクリアできる書き手は、ひとつのパラグラフ・テーゼを論証するために、初学者よりもかなり多くの字数を割いているのだ。パラグラフの短さは、思考と議論の粗雑さの現れである。

第二に、段落の数が多いということは、ひとつの論文で提示する**パラグラフ・テーゼ（トピック）の数が多すぎる**ということを示唆している。たいてい初学者は、色々なトピックについて（論証不十分なまま）書きすぎている。パラグラフの数の多さは、議論のフォーカスが定まっていないことの現れである。

ここから導き出される結論はシンプルだ。わたしたちは、**もっと長いパラグラフを書けるようになる必要がある。**

ただし、もちろん長ければいいというわけではない。初学者にも長く書くことが苦でないというタイプが一定数いるのだが、そうした書き手の文章はパラグラフ・ライティングのルールに則っていない場合がほとんどだ。ようはだらだら書いて長くなってしまっているだけなのである。問題はあくまで、**ひとつのパラグラフ・テーゼの論証に費やす字数**である。

ではどれくらい長ければよいのか。その指標になるのが、上記の作業によって抽出した数値なのだ。

ここでわたしは例によって、モデル論文のパラグラフの平均字数を「参考にする」程度ではなく、厳密なルールとして設定することを提案したい。すなわち、**論文の字数制限を適切なパラグラフ数で割って、全パラグラフをふだんよりも長い字数にあらかじめ固定して書く**のである。

なぜそんなことをするのか。もうおわかりだろう。書けるようになるために役立つからである。

第一に、これによってあなたは書くまえから、最終的に何字のパラグラフをいくつ書けば字数が埋まって論文が完成するのか把握しておくことができる。数万字の論文執筆という途方もない作業が、**決められた数のパラグラフをつくる作業**へと――さらには同数のトピックを見つける作業へと――分解されるというわけだ。

第二に、ふだん自分が書いているよりも多くの字数を強制的に費やす練習を積むことで、**ひとつのパラグラフ・テーゼに多くの字数を割いてゆっくり丁寧に論証する感覚**が身につく。だから字数は、最終的にもっと短く調整してもよいのだが、まずはふだん自分が書いているパラグラフの平均値よりもかなり長く設定したほうがいいだろう。

第三に、字数を固定してワンパラグラフごとにワントピック（テーゼ）を完結させるトレーニングを積んでゆくと、徐々に**思考のリズムを字数単位でコントロールできる**ようになってくる。わたしはこれを「パラグラフ感」と呼んでおり、これが身につくと、どんな字数制限にもトピック数とパラグラフの長さの調整で対応できるようになる。

参考までに具体的な数字を出しておこう。わたしはかつて200字かそれ以下の短いパラグラフを書いていたが、あるタイミングで4倍の800字という下限をみずからに課すことを決め、現在もこれを守って書いている（じっさいはわたしの論文執筆言語は英語で、100語から330語への変更だったのだが、日本語に訳すとこれくらいになるはずだ）[1]。

もしあなたのターゲットが3000字の期末レポートで、モデル論文がなくデータ抽出ができない場合、300や500など適当な割り切れる数で書けばよい。また、モデル論文を見てもよくわからんのでズバリ何字か決めてくれというのであれば、**1万字なら500字、2万字なら800から1000字**という数字を挙げておく。

だがくりかえすが、わたしたちの目的はやみくもに長いパラグラフを書くことではない。まずは、なぜプロの論文のパラグラフは長いのか、ひいては、なぜ初学者のそれは短いのかを正確に把握する必要がある。そのために、アカデミック・リーディングの第二段階へと進もう。

3．パラグラフ解析

なぜプロの書くパラグラフは初学者のそれよりも長いのだろうか。この問題はつぎのように問うたほうがいいだろう——**プロの書き手は長いパラグラフのなかで、いったいなにをやっているのか**。

この問いに答えるためには、パラグラフよりも小さい構成単位、すなわち**センテンス**に着目する必要がある。

パラグラフが長いということは、センテンスが長いかセンテンスの数が多いということになる。おおむねその両方なのだが、それは上記の問いへの実践的な

1　Eric Hayotは225から300語とし、この長さは英文ダブルスペースでちょうどA4（レターサイズ）1枚分にあたると述べている。Eric Hayot, *The Elements of Academic Style: Writing for the Humanities* (New York: Columbia University Press, 2014), 102.

回答として十分ではない。わたしたちが突き止めねばならないのは、**なぜセンテンスの数が多かったり長かったりするのか**ということなのだ。

それを調べるために、アカデミック・リーディングのドリルをやってみたい。前章でつくったアンパンマンの男性性についてのパラグラフを、いまいちど詳しく見てみよう。

例題：以下のパラグラフをセンテンスに分解して番号をふり、字数を数えたうえで、各センテンスがどのような機能を担っているのか言語化せよ。

アンパンマンが行使する暴力は男性的なものである。アンパンマンは「マン」という名前のとおり、男性キャラクターだ。彼は街の平和維持を担っており、その秩序を乱す存在が悪役のばいきんまんである。ばいきんまんはお手製の殺戮マシンを駆使して悪事を働くが、アンパンマンはそれに素手で対抗できる怪力の持ち主である。お決まりのパターンでは、彼の必殺技「アンパンチ」がばいきんまんを葬ることで物語は一件落着となる。このばいきんまんをぶっ飛ばすアンパンチは、一種の暴力である。たとえば女性のメロンパンナちゃんも「メロメロパンチ」という技を使うが、それを受けた者は目がハートになり錯乱するだけであるのにたいして、アンパンチはフィジカルな暴力だ。メロメロパンチとの対比において、アンパンチはジェンダー化された男性的な暴力である。

わたしはこのトレーニングを**パラグラフ解析**と呼んでいる。これは例題なので、さっそくやってしまおう。演習編に練習問題を用意してある。

① アンパンマンが行使する暴力は男性的なものである。(24字)
> パラグラフ・テーゼの提示。

② アンパンマンは「マン」という名前のとおり、男性キャラクターだ。(31字)
> テーゼに関連するファクトの提示。

③ 彼は街の平和維持を担っており、その秩序を乱す存在が悪役のばいきんま

んである。(38字)

> 作品の状況説明（ファクト）。この時点ではテーゼとの関係は不明。

④ ばいきんまんはお手製の殺戮マシンを駆使して悪事を働くが、アンパンマンはそれに素手で対抗できる怪力の持ち主である。(56字)

> 作品の状況説明（ファクト）。③で提示して宙に浮いていたファクト（ばいきんまん）とテーゼ（アンパンマンの暴力）の関係を明示。

⑤ お決まりのパターンでは、彼の必殺技「アンパンチ」がばいきんまんを葬ることで物語は一件落着となる。(48字)

> テーゼを部分的にサポートするファクトの提示（アンパンマンはばいきんまんに暴力を振るう）。

⑥ このばいきんまんをぶっ飛ばすアンパンチは、一種の暴力である。(30字)

> ②〜⑤で提示したファクトが①のテーゼのサポートであったことの明示。それは⑤ですでにあきらかだが、さらに一段抽象化して短くいいかえている。この時点でテーゼの前半部分「アンパンマンは暴力を行使する」まで論証完了。

⑦ たとえば女性のメロンパンナちゃんも「メロメロパンチ」という技を使うが、それを受けた者は目がハートになり錯乱するだけであるのにたいして、アンパンチはフィジカルな暴力だ。(83字)

> あらたなファクトの提示。ジェンダーを基軸にして作中でふるわれる暴力を比較し、男性的・女性的の二種類に分類しようとしている。

⑧ メロメロパンチとの対比において、アンパンチはジェンダー化された男性的な暴力である。(41字)

> ②〜⑥、ならびに⑦から、テーゼが論証されたことを確認。

たとえばこのようになる[2]。このトレーニングの主眼はセンテンスを正しく記

2　このトレーニングをより論理学的に厳密に学びたい場合は、野矢茂樹『論理トレーニング』とその演習本である『論理トレーニング101題』（産業図書、2001年）のほか、三浦俊彦『論理パラドクス　論証力を磨く99問』（二見書房、2016年）とそのシリーズをお薦めする。

述できるか否かよりも、パラグラフをセンテンスにバラして一文一文の機能を言語化してみるという作業によって、**文章を読み書きするときの注意力や感度を養う**というところにある。だから、正解できたかどうかに拘泥する必要はない。

上記のパラグラフ解析は内容によるものだったが、もうひとつ、エリック・ヘイヨットが『アカデミック・スタイルの基本要素』で提案している、**センテンスの抽象度を基準にしたパラグラフ解析**を紹介しよう。

彼のパラグラフ解析は“Uneven U”すなわち「左右非対称のU」というアイディアで英語圏のアカデミアにおいてはひろく知られているのだが、それは本書の第8章でふたたび扱うとして、以下ではすこしアレンジしたバージョンをやってみたい。

ヘイヨットのパラグラフ解析の手法は、センテンスを**抽象度に応じて1から5までのレベルに分類**するというものだ。レベル1は完全に純粋なデータ、エビデンスであり、いわば抽象度ゼロのファクトである。それにたいしてレベル5のセンテンスはもっとも抽象的で、一般的で、理論的な言明である[3]。これは本書でいうパラグラフ・テーゼだと考えておけばよい。

そしてそれらのあいだに2、3、4がグラデーション的に位置づけられるわけだが、いまはそれらの定義にもとづいてセンテンスを厳密に分類できるようになることが目的ではない。ここでの主眼は、**センテンスの抽象度を5段階にレベル分けするという発想を執筆のためのツールとして使うこと**である。

どうすればよいのか。やはり、300字のアンパンマンのパラグラフで考えてみよう。今度は各センテンスの記述内容における抽象度という基準を意識して、いまいちどパラグラフを眺めてみてほしい。

3　Hayot, *The Elements of Academic Style*, 59–60.

> 例題：以下の各センテンスを、抽象度にしたがって１から５に分類せよ。
>
> ①アンパンマンが行使する暴力は男性的なものである。
> ②アンパンマンは「マン」という名前のとおり、男性キャラクターだ。
> ③彼は街の平和維持を担っており、その秩序を乱す存在が悪役のばいきんまんである。
> ④ばいきんまんはお手製の殺戮マシンを駆使して悪事を働くが、アンパンマンはそれに素手で対抗できる怪力の持ち主である。
> ⑤お決まりのパターンでは、彼の必殺技「アンパンチ」がばいきんまんを葬ることで物語は一件落着となる。
> ⑥このばいきんまんをぶっ飛ばすアンパンチは、一種の暴力である。
> ⑦たとえば女性のメロンパンナちゃんも「メロメロパンチ」という技を使うが、それを受けた者は目がハートになり錯乱するだけであるのにたいして、アンパンチはフィジカルな暴力だ。
> ⑧メロメロパンチとの対比において、アンパンチはジェンダー化された男性的な暴力である。

さて、抽象度で解析するとどうなるだろうか。

ひとまず①と⑧のパラグラフ・テーゼを一番上のレベル５だと仮定すると、②から⑦はすべて１から４に位置付けられることになるはずだ。さきの内容によるパラグラフ解析では多くのセンテンスを雑に「ファクトの提示」であると分類した。しかし、それらはすべてレベル１でよいのだろうか。

そのことを考えるために、まずレベル１にあたるヘイヨットがいう「純粋なファクト」について、このアンパンマンのパラグラフとは無関係に、**間違いなく純粋なファクトであると言えるセンテンス**をつくってみよう。

それは、たとえば「『それいけ！アンパンマン』の初回がテレビ放送されたのは1988年10月３日である」といった、たんなるデータの提示になるはずだ。このセンテンスの特徴は、**著者の存在感が皆無である**ということだ。この事実については、誰が書いてもこうなる。こういった記述が、レベル１である。

これをレベル２とくらべると、よりわかりやすくなる。たとえば「アンパンマンは平和維持を担っている」は、ファクトといえばファクトだが、誰もがアンパンマンの役割をこのように表現するわけではない。「ばいきんまんは秩序を乱す悪役である」、「メロメロパンチを食らうと錯乱する」もこのあたりだろう。

こうした「ほとんどファクトだが純粋なファクトではない」ものをレベル２であると考えたい。だがくりかえすが、レベルが１なのか２なのかが問題なのではなく、ここではセンテンスの抽象度を解析できる感度を養うことが目的であることを見失わないでほしい。

ヘイヨットはレベル２を「記述 description」であると定義しているのだが、わたしはむしろ「**観察** observation」と考えたほうがしっくりくると思っている（初回放送のセンテンスは「観察」とは呼べないが、「記述」かどうかは判断がわかれるはずだ）。

レベル１には著者の存在感がなくて、レベル２にはうっすら感じられる理由は、観察行為には著者による一定の**解釈が介在している**ためだ。この解釈の度合いという視点は、今後も重要になるポイントである。

レベル３と４も考えてみよう。⑥は抽象度が高いようだが、このパラグラフのレベル５が提示するのは暴力とジェンダーについてのテーゼであるので、ジェンダーについて触れていない⑥はレベル４に届いていないと相対的に考えておいたほうがよさそうだ。ということはジェンダーと暴力の両方に触れている⑦を、レベル４に分類することになるだろう。

これをヘイヨットの図示に倣ってグラフ化すると、およそ右図のようになる。

さて、この抽象度によるパラグラフ解析は、**どのレベルの記述にどのくらい字数を割いているかを数値化・可視化する作業にほかならない。**

わたしたちはすでに、メモからパラグラフ・テーゼを生成して短い（論証の粗雑な）パラグラフを書くところまでは到達した。これに加筆することでパラグラフを強化することが目的であるわけだが、こうして「純粋なファクト」や

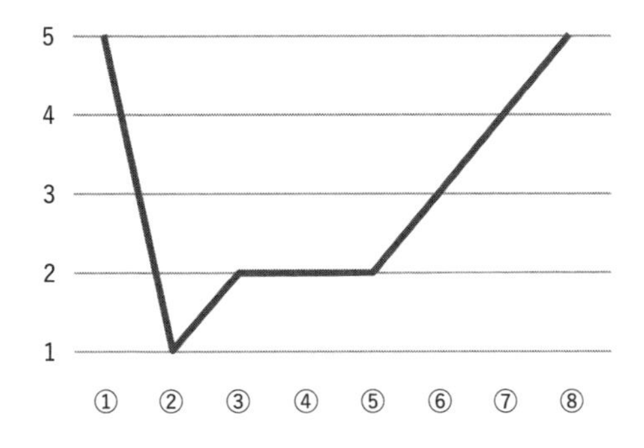

「観察」や「解釈」の次元を意識すると、**どのレベルの記述が手薄なのかが数値的にわかる**のだ。

上のグラフで考えると、あくまでもモデルとしてはということだが、**パラグラフの抽象度の上下運動がなるべく滑らかなU字に近づく**のが理想だ。それはつまり、飛躍がないということである。

では上記の300字のパラグラフを解析した結果として導き出される問題点とはなにか。そこにはなにが足りていないのか。これが次章の課題になるが、ひとまずグラフを見ながら問題点を指摘しておこう。

第一に、レベル1に該当する記述がすくない。それはとりもなおさず純粋なデータとなる情報の量が少ないということであり、もっと実践的にいいかえれば、パラグラフを書くにあたって調べたことをうまく盛り込めていない。

第二に、レベル4周辺の記述が不十分である。抽象度が低い次元においてはパラフレーズによって読者の理解を深める行為はさほど必要にならないので、この問題はファクトの解釈とテーゼを接続するレベル4周辺において顕著となる。

ともあれ、「議論が粗雑である」ことと「パラグラフが短い」ことがほとんど同一の問題であることが、これで浮き彫りになった。ではレベル1と4の記述を盛り込みながら、より理想的な、かつ長いパラグラフを書くにはどうすればよいのか——これが次章の課題になる。

４．結論

本章ではアカデミック・リーディングの実践例として字数差に着目し、なぜプロのパラグラフが長いのかを解明するためにパラグラフ解析というテクニックを紹介した。

ここまでパラグラフ解析の目的は書けるようになることだと述べてきたが、その作業はつまるところ、**自分の書いた文章を自己批判できるようになるための方法論**である。これで、書けるようになるためには読めるようになる必要があるという、冒頭でかかげた主張の意味がわかってもらえたはずだ。

論文が書けるようになるためには、いくつもの学習やトレーニングが必要になる。しかし、ひとつだけ選ぶとすれば、わたしは**パラグラフ解析が最強の勉強法**であると言っておきたい。とりわけ「何本か書いてみたけどよくわからん」という段階において、これは劇的な効果を発揮する。

もしまわりに同志がいるのなら、**数名で同じパラグラフを解析して回答をくらべてコメントし合う**という勉強をつよく薦めたい。論文全体を読んで要旨をまとめる作業などよりも、みるみる実力がつくこと請け合いだ。

ともあれ実践的な問題は、プロの長くて重厚なパラグラフに、わたしたちのスカスカでペラペラなパラグラフをいかにして近づけるかということだ。わたしたちは、引用し、パラフレーズし、そして情報量を増やさなくてはならない。

第5章
長いパラグラフをつくる

1．丁寧な論証

前章では、初学者の問題はパラグラフが短いことであると主張した。

もちろん問題の本質は議論が粗雑であることであるわけだが、初学者の抱える問題は、そもそもひとつのパラグラフ・テーゼについて何百字も費やすことなどできない、**なにをそんなに書いたらいいのかわからない**という点にある。したがって議論の粗雑さを解消するにあたって「もっと丁寧に議論せよ」とアドバイスしても、それは初学者にとって無益なものとなる。

むしろわたしたちが取り組むべき実践的な課題は、**パラグラフ・ライティングのルールを守りながらもっと長いパラグラフを書けるようになるための方法論の構築**である。丁寧に論じているつもりなのにパラグラフが短くなり議論が粗雑であると判断されてしまうのはなぜなのかを理解し、その解決策を手にいれることなのだ。

論文の評価において、議論が雑であるという印象は致命的である。なおかつ、その印象は論文全体を読むまでもなく、最初の数段落でほぼ形成されてしまう。しかも挽回はほぼ不可能だ。

プロの査読者たちは論文を評価するとき、**冒頭を読むだけで採否をほとんど決定している。**「最初いいと思ったけど読んでみたらダメだった」というパターンはあるが、最初にリジェクトだと思った論文が第2セクションに入ってから巻きかえすなどということは、断言しよう、絶対に起こらない。

初学者は「全部読まないとわからないじゃないか」と思うかもしれないが、これは査読者が怠慢なのではない。じっさい彼らは文章の一部を見るだけで、論文のクオリティ、つまりは著者の実力を、正確に評価できるのである。

なぜか。プロは文章を読むとき、あなたとは桁違いの情報量を受け取っているからだ。**プロはあなたの文章をあなたよりも素早く、正確に、そして深く読むことができる。**だから初学者の実力は数パラグラフ読むだけで、ただちにあきらかになってしまうのだ。

査読を通すという目的において第一に必要な実力とは、査読者に「面白い」とか「賢い」と思わせることではなくて、**冒頭から「お、こいつは書けるな」と思わせ、そのままの印象で読み切らせる力**である。本章の長いパラグラフを書くためのトレーニングは、この実力を養うための方法論だ。

2．長いパラグラフを解析する

まずは前章で300字の短いパラグラフを解析した結果を思い出そう。そこでは「議論が粗雑である」ことと「パラグラフが短い」ことが表裏一体であることが判明し、かつ、レベル1とレベル4の記述が少ないことが問題であるらしいということまで判明したのだった。

このことを念頭におきながら、復習と演習もかねて、1000字という長めのパラグラフの解析をやってみてほしい。練習用につくったパラグラフなのでじっさいの論文に比べてバランスの悪い部分があるが、ともあれ読んでみよう。

例題：以下の文章を、内容・抽象度の両面に注意してパラグラフ解析せよ。

アンパンマンは、戦後日本でアメリカ占領軍が実現した「正義」を実現する日本人である。敗戦の瞬間に「正義」の所在は帝国日本からアメリカへと移行したが、その歴史に対する作者やなせたかしのアンビバレントな認識を具現化したのが、アンパンマンというキャラクターなのだ。やなせは戦中に中国で現地民むけに、日本による侵略を正当化するプロパガンダ紙芝居などを制作していた[1]。戦中のやなせは日本の側に正義があると信じてこの仕事に従事していたのだが、アメリカに敗北するとともに日本の帝国主義戦争は悪へと反転した。そのとき味わった幻滅に、やなせは戦後20年以上経ってから奇妙な表現を与えることになる。1969年に青年誌『PHP』に収録された「アンパンマン」では、スーパーマンをはじめとするアメリカのヒーローたちが会議を開き、「うすぎたない」「ニセモノ」であるアンパンマンと自分たちが同一視されることに嫌悪感を示す。だが不恰好なアンパンマンは彼の信じる正義を貫いており、それは「戦争が続いて、野も山もすっかりやけただれた国」、すなわち日本において、飢えた人々にパンを配布するという慈善活動である[2]。やなせは飢えた人々に食べ物を与えることの正義は揺るがない絶対的なものだとインタビューなどで繰り返し述べており[3]、そこには帝国日本の「正義」を無批判に信じてしまった過去への反省がある。だが、その飢えを癒す食べ物があんぱんであることは、事態をもう少し複雑にする。総力戦で疲弊した戦後日本において飢えた人々に食料を提供したのは、占領米軍だったからだ。米軍のステレオタイプといえばジープから子供達にチョコレートをばら撒くイメージであり、それはすなわち、もっとも必要な栄養分たる糖分の無料配布である。やなせは「パンは外国、アンコは日本のもので、洋服を着ているが中身はまぎれもない日本人と同じだ」と述べているが[4]、あんぱんという和洋折衷の糖分は、食料を与えるという絶対的正義を実現する者の国籍を問うている。アメリカン・ヒーロー的な英語名を冠し、1963年にアメリカ人がデザインしたマークのついた洋服に身を包み、占領米軍が実現した「正義」に邁進する日本人、アンパンマン。この「世界最弱のヒーロー」[5]に、やなせは自身の「絶対的な正義」の夢を託した。アンパンマンは遅ればせながらアメリカの「正義」を模倣する、敗戦国の歴史を背負った「まぎれもない日本人」なのだ。

くりかえすが、このトレーニングの主眼は「正解」できるかどうかではない。あくまで目的は、各要素の機能を言語化し、抽象度の相対的な上下運動への感

1　梯久美子『勇気の花がひらくとき　やなせたかしとアンパンマンの物語』(フレーベル館、2015年)、56頁。

2　やなせたかし「アンパンマン」『十二の真珠』(復刊ドットコム、2012年)、62-67頁。

3　たとえば次を参照。「すべては運に導かれて――ヒーローの肖像」『ユリイカ』2013年8月臨時増刊号、91-105頁。

4　やなせたかし『明日をひらく言葉』(PHP文庫、2012年)、107頁。

5　同上、111頁。

度を養うことである。以下、今回はかならずしもセンテンスという単位にこだわらずに分析してみよう。

① アンパンマンは、戦後日本でアメリカ占領軍が実現した「正義」を実現する日本人である。

＞ パラグラフ・テーゼ。これをレベル５に設定する。

② 敗戦の瞬間に「正義」の所在は帝国日本からアメリカへと移行したが、その歴史に対する作者やなせたかしのアンビバレントな認識を具現化したのが、アンパンマンというキャラクターなのだ。

＞ ①のセンテンスの敷衍・展開。冒頭のテーゼは２文でセットになっている。これをレベル４としよう。

③ やなせは戦中に中国で現地民むけに、日本による侵略を正当化するプロパガンダ紙芝居などを制作していた。

＞ ファクト。レベル１。

④ 戦中のやなせは日本の側に正義があると信じてこの仕事に従事していたのだが、アメリカに敗北するとともに日本の帝国主義戦争は悪へと反転した。

＞ ほぼファクトに近い記述と、それについての観察。解釈行為も含まれていると考えてもよいが、レベル２から３あたりと考えておこう。

⑤ そのとき味わった幻滅に、やなせは戦後20年以上経ってから奇妙な表現を与えることになる。

＞「幻滅に与えた表現がアンパンマンである」というのは「観察」とは形容しにくい、解釈行為である。レベル３。

⑥ 1969年に青年誌『PHP』に収録された「アンパンマン」では、スーパーマンをはじめとするアメリカのヒーローたちが会議を開き、「うすぎたない」「ニセモノ」であるアンパンマンと自分たちが同一視されることに嫌悪感を示す。

＞ ファクト。観察が含まれているとも言えるが、あきらかにエビデンスを提示することを目的とするセンテンスなので、レベル１としたい。

⑦　だが不恰好なアンパンマンは彼の信じる正義を貫いており、それは「戦争が続いて、野も山もすっかりやけただれた国」、すなわち日本において、飢えた人々にパンを配布するという慈善活動である。

>　引用と解釈。レベル１から３。

⑧　やなせは飢えた人々に食べ物を与えることの正義は揺るがない絶対的なものだとインタビューなどで繰り返し述べており、そこには帝国日本の「正義」を無批判に信じてしまった過去への反省がある。

>　間接引用と解釈。レベル１から３。

⑨　だが、その飢えを癒す食べ物があんぱんであることは、事態をもう少し複雑にする。

⑩　総力戦で疲弊した戦後日本において飢えた人々に食料を提供したのは、占領米軍だったからだ。

>　２文でセットになっている（⑩は内容的に⑨の理由説明）。レベル３。

⑪　米軍のステレオタイプといえばジープから子供達にチョコレートをばら撒くイメージであり、それはすなわち、もっとも必要な栄養分たる糖分の無料配布である。

>　ファクト、観察、解釈。レベル１から３。

⑫　やなせは「パンは外国、アンコは日本のもので、洋服を着ているが中身はまぎれもない日本人と同じだ」と述べているが、あんぱんという和洋折衷の糖分は、食料を与えるという絶対的正義を実現する者の国籍を問うている。

>　直接引用によるエビデンスの提示と観察・解釈。レベル１から３。

⑬　アメリカン・ヒーロー的な英語名を冠し、1963年にアメリカ人がデザインしたマークのついた洋服に身を包み、占領米軍が実現した「正義」に邁進する日本人、アンパンマン。

＞　ファクトと観察に分類できそうな記述だが、これらは論証がほぼ完了したこの時点でないと意味をなさない記述の列挙になっている。「占領米軍は」以下はテーゼへと戻る準備をしている。レベル１から４という、いささか変則的なセンテンス。

⑭　この「世界最弱のヒーロー」に、やなせは自身の「絶対的な正義」の夢を託した。

＞　これはレベル４だと考えても５だと考えてもよいのだが、重要なことは、⑮とほぼ同じことをべつの表現で言っているということだ。ここではひとまず、②と同様、こういった記述をレベル４としておく。

⑮　アンパンマンは遅ればせながらアメリカの「正義」を模倣する、敗戦国の歴史を背負った「まぎれもない日本人」なのだ。

＞　①の反復だが、すこしだけ①よりも詳しくなっている。「遅ればせながら」「敗戦国の歴史」といったフレーズを冒頭の①に含めると情報過多で読みにくくなってしまうが、論証が済んだ⑮の時点では、むしろ「①はそういうことだったのか」とパラグラフ・テーゼの理解を深める。

さて、ここで前章の問題に戻ろう。レベル１とレベル４の記述を増やしたいわけだが、ただ増やせと言われても、初学者にはうまく実践できない。

そこで以下では、上記のパラグラフを「なぜ長いのか」という観点からもうすこし詳しく分析することで、それを応用可能なテクニックとして抽出してみたい。ここには丁寧に論証することとパラグラフの長さが表裏一体であることを裏付ける、２つの重要な要素がある。

第一に、レベル１にあたる記述が多いことは一目瞭然だろう。③や⑥などレベル１のセンテンスはもちろん、各センテンス内にも多くのファクトが盛り込まれている。カギカッコを用いた直接引用も多い。

ここで、いささか気づきにくく、かつ重要な点がある。それは、**ファクトについて周辺的な情報をいちいち盛り込んでいる**ということだ。たとえば「従軍していた」というエピソードでも済ませられるところで「中国でのプロパガンダ紙芝居」と具体例を出したり、初出の「アンパンマン」について「1969年に青年誌『PHP』に収録」と詳述したりしている。

じつはこうした細部を盛り込むことは、初学者にとって想像よりもはるかに難しい。**調べた情報をパラグラフで「つかう」のは簡単なようでいて、じっさいはトレーニングが必要な知的操作であり、意識的に身につける必要があるテクニックなのだ。**

ここでの困難は、調査によって詳細な情報にたどりつくことではなく、**遭遇した情報を記録して文章に盛り込むという一連のプロセス**にある。初学者の文章がスカスカである一因は、いろいろ調べてもそれを文章に取り込むことができないという点にあるのだ。

たとえば「AがBをした」という情報をセンテンス化するとき、初学者はそのまま書いてしまうのだが、プロは、「何年の何月何日に、そのときXという組織のYという身分だったAが、Cの依頼に基づいてBをすることになった」といった具合に細部を盛り込む。ためしに、そういった視点で色々な文章を眺めてみるとよい。これはプロフェッショナルな文章の必須要素だとわかるだろう。

これは姑息な字数稼ぎだと思うかもしれないが、まったくそうではない。こうして細部を積み重ねてゆくことでこそ、一文一文のもつ情報量が増え、文章全体の重厚さは増し、あなたの文章は、**そのトピックに精通している専門家**のそれへと接近してゆく。それはつまり、読者の信用を生むということにほかならない。

この練習方法としては、トピックについてメモをとっている段階で周辺情報のリサーチをおこなうわけだが、その過程で、**いままでスルーしていたがパラグラフに盛り込める可能性のありそうなデータを片っ端からメモする**という作業からはじめよう。最初は盛り込みすぎてしまうかもしれないが、さしあたりそれでよい。あとから削除するのは簡単だ。

第二に、レベル5のパラグラフ・テーゼの前後に、レベル4のセンテンスが配置されていることがわかるだろう。レベル４の記述は基本的に、ファクト・観察・解釈からレベル５のテーゼへの接続、つまり**具体から抽象への接続**の役割をはたす。接続が滑らかでないとはつまり、パラグラフ内においては御法度である、あの飛躍が発生してしまっているということだ。

ここではこの問題を、もうすこし大きな現象の一部として捉えなおしてみたい。

上記のパラグラフ解析においては、センテンス内で「１から３」に抽象度がシフトしているとした箇所がいくつかあった。ようはファクトの提示の直後で、それがなにを意味するのか、なぜ引用したのか、**著者自身の言葉でいちいちレベル２から３の説明を挟んでいる**わけだ。

こうしたレベル３から４のセンテンスで使われているのは、いずれも**パラフレーズ**というテクニックの一部である。

このテクニックもまたセンテンスの量を増やすのだが、これもやはり、ただパラグラフを長くするだけの技術ではない。これらは書き手の解釈行為――「それはつまりこういうことなのだ」――によって記述を一段抽象的な次元へと移行させる操作であり、こうしたパラフレーズは、**文章がファクトの羅列ではなく筆者の思考のプロセスであるという印象をうみだす。**

このうち、おそらく**レベル４がテーゼとメモを元手にパラグラフを構築するさいにもっとも重要かつ困難なセンテンス**となる。それは個別具体的な解釈行為（３）と抽象的なテーゼ（５）両方のパラフレーズとして機能せねばならない、パラグラフの蝶番となるセンテンスなのだ。

じっさい、パラグラフを執筆していて「もう１文必要な気がするが、なかなか出てこない」というときは、たいていこのレベル４の記述で迷っているケースである。そういったときは、レベル３とレベル５を接続するためのセンテンスを捻り出すための思考に、惜しまず時間をかけよう。**当該パラグラフの論証が十全になされたかどうかという読者の印象を、その一文はおおきく左右することになる。**

このパラフレーズという能力は、おそらく**ミクロな次元においては文章執筆の最重要テクニック**である。これは次章で見る他人が書いたアーギュメントのいいかえで動員する能力と同じものだし、あるいは「棒線部①はどういうことか、自分の言葉で説明せよ」といった国語の問題で問われる基礎言語能力でもある。それは読解・引用・執筆のあらゆる局面で必要になる技術であって、もはや思考力そのものであるといっても過言ではないくらいだ。

さて、なぜプロのパラグラフは長いのか。これにシンプルな回答を与えよう。それは**情報量とパラフレーズが豊富だから**である。いいかえれば——このいいかえがまさしくパラフレーズだ——初学者の文章は観察ばかりで思考のダイナミズムがなく、情報量が少なくてスカスカである。さらにいいかえよう。プロの文章は、賢くて詳しいのだ。

３．長いパラグラフをつくる

長いパラグラフをつくるまえに、まずは上記したアンパンマンとアメリカについてのパラグラフのメモを以下に公開しておく。

これとパラグラフを見比べて、**メモをどのように文章へ落とし込んだのか**自分なりに考えてみてほしい。使わなかったメモがあること、レベル４に該当するセンテンスはパラグラフ執筆中に捻り出していることなどもわかるだろう。

調べものをしながらどのようなメモをとっているのか、あるいはどういった細部について調べてみたのかなども、参考になるかもしれない。じっさい、あんぱんの歴史などは本文に盛り込めるだろうという想定で調べたネタである。

アンパンマンとアメリカ

- 1960年、ラジオコントで初出
- 1969年10月、最初の絵本「アンパンマン」、青年誌『PHP』収録
    - アメリカのヒーローとの対比
        - スーパーマンやバットマンたちに「ニセモノ」「うすぎたないやつ」と見做される
    - 「戦争が続いて、野も山もすっかりやけただれた国」66
        - 日本
    - 最後撃たれて殺される（but 「ころされたって死ぬものか」67
        - 敗戦？

- 1973年、子供向け絵本『あんぱんまん』
  - ひらがなに変更
    - 『明日をひらく言葉』
      - 「パンは外国、アンコは日本のもので、洋服を着ているが中身はまぎれもない日本人と同じだ」107
      - 「アンパンマンは、世界最弱のヒーローだ」111
- 敗戦と帝国日本の「正義」
  - 『勇気の花がひらくとき』
    - 中国でのプロパガンダ紙芝居、56
- 本当の正義とアンパンマン
  - 飢えた人々に食べ物を与えることの絶対的正義
  - それが西洋由来のパンで日本のアンコを包んだあんぱんという食べ物であることの意味
    - あんぱん：1874年に木村屋の創業者のひとり英三郎（弟）が開発
  - 戦中・戦後日本の飢餓状態において配布不可能だったはずのあんぱん
    - あん＝糖分
    - 占領米軍の「キャンディとチョコレート」の配布
- 胸のニコちゃんマーク
  - 1976のサンリオ「月刊いちごえほん」で登場
  - smily face, 1963年
- 『人生なんて夢だけど』
  - 「平仮名だと「まんじゅう」という感覚になります」195
-
- アンパンマンは、戦後日本においてアメリカ占領軍が実現した「正義」を実現する日本人である。

+

では、パラフレーズと情報量という２点を意識しつつ、ひきつづきアンパンマンの300字のパラグラフを活用して、じっさいに長いパラグラフをつくる練習をしてみよう。情報量の増強にかんしては資料の扱いを論じる次章で詳しく述べることになるので、ここでは盛り込むのに使うためのデータは提供してしまう。

前章で見たように、300字のパラグラフはジェンダーの話に移った後半部分のセンテンスが手薄だったので、情報としてはメロンパンナの記述にフォーカスしてみよう。

> メロンパンナは1992年９月21日に放映されたアニメ第200回にあたる「メロンパンナちゃん誕生」ではじめて登場する。アニメの主題歌（やなせたかし作詞）に「愛と勇気だけが友達さ」という歌詞があるが、ジャムおじさんは勇気の戦士としてアンパンマンを、そして愛の戦士としてメロンパ

ンナを造形する。「幻の谷」と呼ばれる地域に咲いているという「愛の花」を発見し、その蜜を練りこんでつくられるのがメロンパンナだ。彼女は誕生してすぐにアンパンマンのピンチを、そのメロメロパンチで救うことになる。

上記のどの情報をどのように盛り込もうとも自由だ。本来はこれらを取り込むさいには注釈をつける必要があるのだが、いまはよい。また、その気があれば、自分で調べ物をしたり、既知の情報を盛り込んでもかまわない。もちろん後半部分だけでなく、前半部分の記述も増強する必要がある。ジェンダーの話に移った後半と前半部分が、ちょうど同じくらいの分量になるといいだろう。

例題：以下のパラグラフに加筆して、1000字以上にせよ。

アンパンマンが行使する暴力は男性的なものである。アンパンマンは「マン」という名前のとおり、男性キャラクターだ。彼は街の平和維持を担っており、その秩序を乱す存在が悪役のばいきんまんである。ばいきんまんはお手製の殺戮マシンを駆使して悪事を働くが、アンパンマンはそれに素手で対抗できる怪力の持ち主である。お決まりのパターンでは、彼の必殺技「アンパンチ」がばいきんまんを葬ることで物語は一件落着となる。このばいきんまんをぶっ飛ばすアンパンチは、一種の暴力である。たとえば女性のメロンパンナちゃんも「メロメロパンチ」という技を使うが、それを受けた者は目がハートになり錯乱するだけであるのにたいして、アンパンチはフィジカルな暴力だ。メロメロパンチとの対比において、アンパンチはジェンダー化された男性的な暴力である。

データの取り込みとパラフレーズを意識して書けただろうか。では、わたしの解答を見てみよう。便宜上、パラグラフに番号をふる。

①アンパンマンが行使する暴力は男性的なものである。②アンパンマンは「マン」という名前のとおり、男性キャラクターである。③いつも「パトロールに行ってきます」といって出かける彼は作中世界において街の平和を維持する警察のような存在であり、困った人々を助ける正義の味方だ。④その平和と秩序を乱す存在が、悪玉のばいきんまんである。⑤あの手この

手でコミュニティを荒らすばいきんまんは、みずからの城でチート級の殺戮マシンを開発して日々悪事に従事しており、平均的な市民はこれに太刀打ちすることができない。⑥だがアンパンマンは浮遊能力と怪力の持ち主であり、ばいきんまんのハイテクを駆使した暴力に素手で対抗することができるヒーローである。⑦お決まりのパターンでは、いったんばいきんまんがアンパンマンに決定的な危害を加えて優勢に立つものの、デカいパンを投げる正確無比のコントロールで知られるバタコさん（または愛犬チーズ）によってアンパンマンのふやけた顔が交換され「勇気100倍」となり、アンパンマンがばいきんまんを「アンパンチ」というこれまたチート級の一撃で葬り去ることで一件落着となる。⑧このときばいきんまんを地平線の彼方へとぶっ飛ばす正義の「アンパンチ」は、まぎれもなく一種の暴力である。⑨だがそれはジェンダーという観点からみるとき、たんなる中立的な暴力ではない。⑩そのことは、作中のヒロインであるメロンパンナちゃんの「メロメロパンチ」という必殺技と比較するとあきらかになる。⑪メロンパンナは1992年9月21日に放送されたアニメ第200話『メロンパンナちゃん誕生』においてジャムおじさんにより「勇気」を司るアンパンマンと対になる「愛」のパンとしてつくられ、同回でさっそくメロメロパンチによってアンパンマンを救う。⑫彼女の「殴る」というよりほとんど触れるだけのパンチを食らった者は目がハートになり、一種の錯乱状態に陥るだけだ。⑬それにたいしてアンパンチはこぶしで相手の顔面をぶん殴ることにより相手をフィジカルに掃討する純粋な暴力の発露であり、『アンパンマン』において男性主人公アンパンマンが行使する暴力は、とりわけ女性キャラクターであるメロンパンナとの対比において、するどくジェンダー化されている。⑭暴力が一般的に男性的なものであるとはもちろん言えないが、『アンパンマン』という作中におけるアンパンマンの暴力は男性性を帯びたものである。⑮アンパンマンは暴力をふるうだけでなく、男性的な暴力を行使するキャラクターなのだ。

みてのとおり、情報を盛り込んでパラフレーズを加筆しただけだ。字数は3倍になったが、内容は変わっていない。それでいてすべてのセンテンスがパラグラフ・テーゼの論証に役立っており、300字のパラグラフにくらべて詳細かつ濃密なものになっている。やはり練習用なのでいささか大袈裟でバランスの悪いところがあるが、ほとんど学術論文の一部として耐えうるパラグラフである。

もちろん理論上このパラグラフを改善することは無限に可能なわけだが、ひとまずここでの目的は**長いパラグラフを書くことへの抵抗を除去し、メカニズムに慣れ、なるべく意味ある記述のみによって字数を増やす方法論**を学ぶことである。

簡単にコメントしてみよう。まずすぐにわかることとして、**⑪で一文まるごと費やしてメロメロパンチについてのデータを盛り込んだ。**レベル１の「純粋なファクト」にかぎりなく近い記述になっていることがわかると思う。この前後のメロメロパンチについての記述だけでじつに150字ほどであり、ここには文章的な工夫など、ほぼ皆無である。じつに簡単だ。

つぎに、⑬から⑮にかけて３センテンスを費やしてレベル４周辺の記述（つまりレベル３と５の接続）を強化した。これら３センテンスはほとんど同じ内容をくりかえしているだけであるが、徐々に短く、徐々に抽象度を増しており、レベル３からスムーズにパラグラフ・テーゼに戻る役割を果たしている。この点は、日米問題のパラグラフよりもうまくいっていると思う。

こうした長いパラグラフを自在に書けるようになるためには、演習方法は２つ考えられる。

第一に、もちろんパラグラフ解析である。これも既出版の論文をピックアップして、いくつかのパラグラフでやってみるとよい。そのとき、データの量（どのような資料をどのくらい調べて書いているか）とパラフレーズの方法に着目してみよう。著者ごとに傾向があって、それぞれから学ぶことがあるはずだ。

ただし、これはイントロダクションについての第７章で詳しく述べるが、イントロ部分と結論部分はすこしパラグラフの性格が異なるため、**解析するパラグラフはイントロ・結論を除いたセクション以降から選んだほうがよい。**

第二に、これもあたりまえだが、自分で書いてみる練習が必要だ。ただしやみくもに文章をたくさん書いても、あまり効果はない。そこでわたしが薦めているのは、800字や1000字といった字数設定で、**単発の長いパラグラフを何本も書くというトレーニング**である。

つまりいきなり「論文」を書くのではなく、**適当なトピックについて小さめのパラグラフ・テーゼをつくり、簡単な調べ物をしてパラグラフをひとつ書いて完成**というものだ。上記の例でわかるように、1パラグラフ書くだけならトピックについてかならずしも専門的な調査をする必要はなく、ネットで仕入れた情報を盛り込むだけで練習としては十分に成立する。この作業は1日で完結できるので、日々の演習にはもってこいである。

4．結論

結局のところ、論文執筆の実力はおおきく2つに分けられる。ひとつは、どれだけ強いアーギュメントをつくれるか。そしてもうひとつは、いかにそのアーギュメントを説得的に論証できるかである。

その論証は論文全体の9割ちかくを占めるわけだが、パラグラフとは、論文の論証部分を構成する最重要単位なのだった。本書がじつに3章をパラグラフのつくりかたに割いたのも、**パラグラフを書けるかどうかが論文を書けるかどうかを左右する**からである。ぜひ時間をかけて、ここまでの解説を反芻し、習熟してもらいたい。

なんどもくりかえすが、ここで紹介しているテクニックはパラグラフについての守るべきルールではない。書けるようになるための足掛かりだ。**これは手段である**。長いパラグラフを自在に書けるようになったなら、それぞれに書きやすいスタイルを模索すればよい。

第６章
先行研究を引用する

１．読解と引用

第２章で述べたように、論文はかならず引用を必要とする。みずからのアーギュメントにアカデミックな価値があることを示すために、先行研究への言及は構造的に必要不可欠なのだった。

だがこれは、あくまでも引用の必要性についての理論的な理解にすぎない。わたしたちは論文執筆の実践的な場においては、**資料を探し、読み、そこから引用箇所を決定して、みずからの議論に組み込まなくてはならない**。そうした過程においては当然、いくつもの技術が必要になる。

ひとつ恥ずかしいエピソードを紹介しよう。わたしは日本で提出した修士論文の口頭試問（ディフェンス）のさい、先行研究の引用が少なすぎるという批判を受けた。最低でも100本は参考文献をつけなくてはならない習わしのところ、わたしの文献表では30本ほどの先行研究しか挙げられていなかった。いくらなんでも少なすぎる。

わたしはこのとき、「いや、でももっと読んだんです」などと無様な言い訳をしたように記憶している。それは本当にそのとおりだったのだが、じっさいは100本も読んでいなかったので、いずれにせよアウトであった。が、ともあれ、ここには重要な問題がある。それは、**読むことと引用することには距離がある**ということだ。読んだからといって引用できるわけではないのである。

わたしの場合は怠惰ゆえに生じた失態であったわけだが、しかし問題は勤勉でさえあれば解決するわけでもない。わたしの対極にいる真面目な学生に、読んでばかりいて執筆に移れず、もはや**先行研究を精査する作業が自己目的化してしまう**というパターンが頻繁に、きわめて頻繁に見られるのである。その様子はあたかも、読むことによって書くことから逃避しているかのようだ。

だが評価者は執筆者が先行研究をちゃんと読んだかどうかになど、まったく関心がない。そもそも確かめようもない。どう引用され、どう議論に組み込まれているかがすべてなのだ。期末レポートだろうが博士論文だろうが、わたしたちに求められているのは先行研究の議論を一歩さきに進めることでアカデミックな価値を提供することである。このゴールを見失ってはいけない。いいかえれば、**わたしたちの目的は「勉強」ではなく「研究」なのだ。**

本章ではアカデミック・リーディングのうち、**引用するという目的をもって資料を読む**という技術論にフォーカスして解説する。どのくらいの論文や研究書を読んで、どのくらいの分量を、どのようにして引用すればよいのか。

ちなみに以下では**ハイライト用のマーカーを３色ほど使うよう提案している**ので、できればここで用意してほしい。もちろんべつの方法で代用してもかまわないのだが、新しい文房具を買って作業するといいリフレッシュになると思うので、お薦めしておく。

２．先行研究からデータをとる

先行研究にかんしてまず実行すべきは、ふたたび、既出版の論文からのデータ抽出である。やはり狙いの媒体から出版された論文を何本か用意しよう。

ただし今回は選出の指標として、前回と異なる点がある。それは第一に、自分の研究トピックと内容的にごく近いものを１本は含めたほうがよいということ。そして第二に、フォーマット抽出のときにもまして論文の出版年度は新しいほうがよいということだ。理由はすぐに説明する。

ここで論文から抽出したいのは、**どういったリソースからどの程度の分量をどこで引用しているか**についてのデータである。ここからの作業は３段階にわけて説明しよう。

まず大前提として、その論文に**引用文献一覧**がついているかどうか確認してほしい。引用文献の表示方法には２種類あって、ひとつは末尾に五十音（アルファベット）順で全参照文献をリスト化する方法、もうひとつは本文中で引用するたびに注をつけて参照元を明記する方法だ（両方の場合もある）。前者の場合は簡単なのだが、後者の場合は注を読まなくてはならないので、ちょっと面倒になる。とはいえ本質的には同じだ。

第一段階。さっそく蛍光ペンの出番である。文献表または注釈にある引用文献を、**研究書とジャーナル論文で２色にわけてハイライト**しよう。つまり、引用元が一冊の書籍か、雑誌などに載った単体の論文かという違いである。複数著者の論文を集めたアンソロジー的な研究書に収録された論文である場合、ここでは後者ということにしておく。

それ以外のものはとりあえず無視してもよいが、たとえば新聞とか、図書館のアーカイヴとか、あるいは小説や映画の作品など、あきらかにジャンル分け可能なリソースからの引用がたくさんある場合は、それらを３色目あるいは４色目でハイライトしてもいいだろう。とくに自分が書こうとしているジャンルの論文もそうした特定の資料の引用を多く含む可能性が高い場合は、ぜひやってもらいたい。

さて、この作業から得られるのは、その**既出版の論文が最終的に何本の論文と何冊の研究書を引用して完成したのかについての数値的なデータ**である。この作業をいくつかの論文でやることで、おおよその相場を掴んでほしい。その相場が、あなたが論文を書くときに書籍何冊・論文何本を引用できればよいのか、つまりどのくらい読めばいいのかについての指標になる。

この相場は分野やスタイル、そして論文の長さによって異なるので一概には言えないのだが、それでも数値的な目安が欲しいひとのためには、ズバリ**最低25本**だと雑に言っておこう。もっと厳しめの数値としては、日本語なら400字ごとに１本、英語なら300語ごとに１本という基準は悪くないようだ。これらはそれぞれ400字詰めの原稿用紙１枚と、ダブルスペースでのレターサイズ1枚におおよそ相当しており、ようは紙1枚ごとに最低でも1本はつけましょうということである。

また、今回は自分が論文を書こうとしている分野に近い資料を含めるように薦めた。その理由は、この作業によって、**当該分野における近年の研究がどのような資料を引用することで成立しているかを知ることができる**ためだ。そういったモデル論文を2本でも見つけられると、その両方が参照している資料はほぼ必須文献だと考えてよい。近年の資料もカバーしている新しい論文が必要なのも、このためだ。できれば過去5年以内のものがいいだろう。

第二段階。たとえば文献一覧または注釈で、書籍を赤、論文を青でハイライトしたとすると、こんどは**本文中の引用箇所を同じ色でハイライト**してほしい。これで、文献表ならびに本文における引用に関連する箇所がすべてハイライトされ、それらが色分けされたことになる。

この作業から手に入る情報は、**それぞれの資料からどのくらいの分量を本文に組み込んでいるかについての数値的なデータ**だ。あなたは最終的に書籍・論文のそれぞれから何字くらいずつ引用できればよいのか、その目安をここで立てることができる。

ここで字数の目安とともに、引用にはいくつもの形態があることに気づくだろう。ごく短いフレーズ単位の引用から、いくつかのセンテンスの参照、そして数段落にまたがってのブロック引用など分量はさまざまだし、注釈で「〜については資料A、B、Cも参照」などとして列挙するという方法もある。これはつまり**読んだ資料をどのように使うのか**という問題であり、つぎの作業から得られる疑問点とつながっている。

第三段階。本文のハイライトを終えたら、**参照されている文献そのものを可能な範囲で手に入れ、書籍や論文のどの箇所から引用しているのかを調べてほしい**。参照箇所はイントロダクションなのか、結論なのか、それとも本文のど真ん中なのか。その著者は資料をどのように読んで、その箇所を引用することに決めたのか、そして、自分ならその資料をどう読み、どの箇所を引用するのか——これは本章の次のセクションの議題になる。

さて、こうして得られた数値的な目安にはふたつの効用がある。

第一に、わたしたちは読むべき資料が膨大で途方に暮れてしまうことがある。しかし、ジャーナル論文程度の規模であれば25本ほど引用できれば最低限の量はクリアなのだから、読んだものすべては引用できない可能性を考慮しても、**だいたい30本か多くて40本も読めば準備としては十分だ**ということになる。致命的な参照漏れがないかぎり、関連文献を「網羅」する必要などまったくない。

第二に、引用文献の本数の相場から逆算すると、資料を25本読んだ時点で本文を１万字くらいは書ける単純計算になる。もちろんそんなにうまくはいかないわけだが、ともあれ、**25本も資料を読んだのなら数千字は書けてしかるべきであるという意識はもっておくべきだ。**読んでばかりいて執筆に移れないひとは、頑張って読んでいる自分に安心するのではなく、読んでいるのに書けていない状況に焦らなくてはならない。

では引用文献についての基準を得たうえで、じっさいの資料の読みかたと引用の方法について解説してゆくことにしよう。

３．アーギュメントをみつける

アカデミックな文章を読むさいに、もっとも重要なことはなんだろうか。本書の読者は、この問いにただちに答えられるはずだ——そう、アーギュメントである。**論文を「読む」とは、まずなによりも、アーギュメントを発見することにほかならない。**「発見する」と書いたが、それは漫然と気になったところに線を引いてゆくといった読みかたでは、なかなか確定させることができない。それをみつけるには、やはりトレーニングが必要だ。

ザカリー・ショアは『大学院生虎の巻』において、とにかく**その論文なり書籍なりのアーギュメントがなんであるか確定させるまでは読みはじめるな**と教えている。論文を冒頭から順に読んでいくのではなく、まずは文章全体をスキャンして、核となるアーギュメントを発見することが最優先事項なのだ。アカデミックな文章においては「内容を読むだけではなく、テーゼを発見しなくてはならない」のである[1]。

ではどうすればよいか。まずその論文または研究書に**アブストラクト（要旨）**がついていたら、それを精読してほしい。ここで精読とは「きちんと理解する」といった漠然としたものではなく、パラグラフ解析と同様の、アブスト解析である。各センテンスがどういった役割を果たしているかを分析し、その著者のアーギュメントを確実に抽出するのだ。

ただし、世の中にはアブストがついていない論文も多数存在する。その場合に（あるいはアブストのつぎに）読むべき重要箇所は、第一にイントロダクションであり、第二にコンクルージョンである。アーギュメントの発見は、こっちのほうが難しくなる。なぜなら、長いからだ。

イントロの構造についてはイントロダクションについての章で説明するので、ここでは簡単に述べておけば、イントロの内部はおおむね、1）導入、2）アーギュメントとアカデミックな価値の提示、3）そして「以下ではまずAについて論じ、次に……」といった論文の構造を説明する概要（シノプシスという）部分にわかれる。

イントロにおいてアーギュメントが置かれている可能性が高いのは、**いちばん最初、その次のパラグラフ、そしてもしイントロの最後のパラグラフがシノプシスである場合、その直前のパラグラフ**である。とはいえジャーナル論文のイントロは5パラくらいで終わることが多いので、全パラグラフの冒頭を読んでアーギュメントが現れそうなパラグラフから読んでみればよいだろう。慣れないうちは的外れな箇所ばかり読んでしまって効率が悪いだろうが、やっているうちにうまくなってゆく。

アーギュメントのなんたるかを正確に理解していない者は、そもそもアーギュメントに該当する箇所を読んでもそれがアーギュメントであると判断することができない。たとえば「これはアンパンマンとジェンダーについての論文なのだ」という感じで、トピックだけを抽出してしまうのだ。これもまた「書けな

1　Shore, *Grad School Essentials*, 10.

いやつは読めてもいない」の例である。

第1章で、日本で出版された多くの論文は本書が定義するところのアーギュメントをもってさえいないのだと書いた。だがこのような場合でも、アーギュメントの本質をすでに理解している本書の読者であれば、**アーギュメントにもっとも接近している箇所**を突き止めることはできるはずだ。それがアーギュメント未満の記述であったとしても、「この論文はここまでは言えている」ということで、その箇所をもって「アーギュメント」とみなしておけばよい。

さて、ふたたび蛍光ペンである。「これがアーギュメントだ」と確信できるセンテンスを発見したら、それをハイライトしよう。**この色はアーギュメントにしか使ってはいけない**。わたしは赤にしているのだが、これは重要な箇所を自由にマークするためのハイライトではなく、その論文が提出する究極的な主張たるアーギュメントのみを射抜くための宝刀である。アブストで1回、イントロで1回、もし必要ならコンクルージョンで1回使えば、もう十分である。

ショアはもう一段階プロセスを踏むようアドバイスしている。それは、**アーギュメントを見つけたら自分の言葉でパラフレーズし、それを書き記せ**というものだ[2]。彼はこのアドバイスをくどいくらいにくりかえしているのだが、じっさいこれは先行研究との対話が仕事である研究者にとってもっとも枢要な能力を育てるために、きわめて効果的なトレーニングである。漠然と「こういうことかな」と頭のなかでいいかえるのではなく、文として書き記すことが大切だ。

アーギュメントを発見し、それを自分の言葉でパラフレーズしておけば、「あの論文読んだけど身にならなかった」といった悩みは解消される。上記の作業はとりもなおさず、**「どういう論文だったか」という問いに一文で答えを出すための読解方法**なのだ。

ではひとつ練習してみよう。これまで断片的に書いてきた『アンパンマン』論を、論文規模のアイディアに膨らませてみた。

2　Ibid., 14.

例題：以下のアブストラクトからアーギュメントを抽出し、自分の言葉でパラフレーズせよ

本稿は、やなせたかしの『アンパンマン』は太平洋戦争における帝国日本の加害性を戦中から戦後にかけての日米関係の歴史において問いなおす作品であると論じる。一連の『アンパンマン』作品を読解するにあたって、本稿は近年のトランスパシフィック研究を参照しつつ、作中において描かれる暴力のナショナリティと地政学に着目する。主人公のアンパンマンは、戦後日本において占領米軍が実行した食糧配給と治安維持という活動にボランティア的に従事しており、ここには従軍中に帝国日本の侵略戦争を「正義」であると素朴に信じてしまった作者自身の後悔と反省が滲んでいる。だがアンパンマンは暴力と無縁ではなく、「悪」を代表するばいきんまんを「アンパンチ」で駆逐することで問題を解決するキャラクターであって、彼の暴力の文化的・歴史的な意味を理解するには、帝国日本の加害性だけでなく、太平洋戦争においては原子爆弾で帝国日本を打倒し、冷戦期においては各地での代理戦争で共産主義を封じ込めたアメリカという、三つの文脈を踏まえる必要がある。国籍上は日本人であるアンパンマンに日米の歴史が織り込まれた「正義の暴力」を実行させることで、『アンパンマン』は帝国日本の加害性をリマインドするとともに、平和の名のもとに行使されるアメリカの軍事力もまた暴力にすぎないことを暴くのである。

このアブストは5つのセンテンスからなる。簡単に解析してみると、

①主張（アーギュメント）
②理論的な枠組みとトピックの提示（方法論）
③アーギュメントの要素の詳述
④アーギュメントの要素の詳述と、シノプシス的な概要
⑤結論（アーギュメントの反復）

このような構成になっている。第一文が「本稿は〜と論じる」という構文になっており、これがアーギュメントであることは明白だ。アブストを読んだ時点でこのセンテンスをハイライトできれば、とりあえず第一段階はクリアだし、⑤が①より詳しい反復であることに気づいたのなら、こちらをアーギュメントとしてもよい。

つづいてパラフレーズしてみよう。ここからは国語の問題だ。アンパンマンのなにが帝国日本の暴力と関係するのか。戦中から戦後にかけての日米関係とは具体的になにか。そして「問いなおす」とはどういうことか。これらは、第一文を読んだ時点では定かではない。

そこで２文目以降を読んでゆくと、第一に帝国日本が「正義」の名のもとに侵略戦争を戦ったことが、「正義の味方」であるアンパンマンのアンパンチという暴力と並行していること、そして第二に、それは日本だけの問題ではなく、やはり「正義」の名のもとに戦争をくりかえすアメリカの影もさしている、ということがわかる。

これはつまり、**日米は同一のロジックで自国の暴力を正当化している**という主張だ。このアブストは直接的にそのようには書いていない。このように、著者が使っていない「同一のロジック」「正当化」といった言葉を捻り出して書き換えるのが、つまりパラフレーズという操作である。

「問いなおす」についてはどうか。「同一のロジックで暴力を正当化している」という主張は、つまるところその暴力に賛成なのか反対なのか。この著者は、あきらかにそれに反対しており、そして『アンパンマン』もその正当化に対して批判的なのだと考えている。それが①の「問いなおす」の内実だ。

というわけでパラフレーズとしては、「**『アンパンマン』は自国の侵略戦争を「正義」の名のもとに正当化する日米両国のロジックを批判する**」といった案が考えられる。ここまでできればパラフレーズは成功だが、たとえば応用編として、「**正義の戦争など存在しない**」といった大胆な圧縮も可能である。

これであなたは自分の論文で、たとえば「阿部は、やなせたかしの『アンパンマン』は帝国日本の加害性を戦中から戦後にかけての日米関係の歴史において問いなおす作品だと論じている。つまり、『アンパンマン』は自国の侵略戦争を「正義」の名のもとに正当化する日米のロジックを批判するのである。正義の戦争など、存在しないというわけだ」などと上記の論文を**自分の論文に有機的に組み込む**ことができるわけだ。

この抽出・パラフレーズもまた、やればやるだけ上達してゆくテクニックである。「演習編」にドリルを用意してあるので、そちらにも挑戦してもらいたい。

4．先行研究を「読む」

いまわたしたちはアブストを解析しただけであり、本文はまったく読んでいない。にもかかわらず、アーギュメントを抽出し、それをパラフレーズした結果として、かなり本格的に議論を引用する準備までできてしまった。ということは、時間をかけて本文を通読する必要などないのではないか。アブストやイントロからアーギュメントだけ抜き出して、それを引用できればよいのではないか。

じつは、そのとおりなのである。**先行研究をみずからの議論に組み込むという目的の達成にあたっては、本文を通読する必要などまったくない。**

これを不誠実だと感じるひともいるだろう。だがそれは間違っているどころか、むしろ正反対である。なぜなら、ほかならぬ著者にとって論文中もっとも重要な要素はアーギュメントなのだから、アーギュメント以外の記述を引用するよりも、**同意するにせよ反論するにせよアーギュメントをダイレクトに議論に組み込むのがもっとも誠実な引用の形式**なのだ。

多くの初学者は文章を丁寧に通読して、自分が気になった鋭い洞察をふくむパッセージを好意的に引用したり、あるいは瑣末なミスを批判したりすることが引用だと考えている。それらは間違っているわけではないが、**論文の仕事はあくまでも先行研究のアーギュメントを正確に把握したうえで、みずからの新しいアーギュメントによってアカデミックな会話を一歩さきに進めることだ**という真の目的を見失ってはいけない。

誤解のないように述べておけば、もちろんわたしも論文や書籍を通読するときはしているし、その作業からしか学べない多くのことを学んでいるし、そこから引用もする。だがそれは、現在のあなたの読みかた（冒頭から読む）でも十分に得られるものだ。あくまでもここでは「勉強」ではなく「研究」のための読解術、つまりライティングに特化した技術論として、この読みかたを理解してもらいたい。

ではアーギュメントを発見しパラフレーズできたとして、残りはどうすればよいのか。この点についてはぶっちゃけ自由なのだが、わたし自身の経験にもとづいて、ひとつの方法論を提案しておこう。ちなみに、ここでは**英語圏の大学出版から出ている研究書**をモデルにする。そのまま日本の研究書に適用できない部分があることは承知しているが、そのあたりは適宜カスタマイズしてもらいたい。

さて、研究書を一冊手に入れたとしよう。最初に読まなくてはならないのは、イントロでも目次でもなく、**裏表紙**である。アメリカの大学出版が出している研究書には、かならず裏表紙（ハードカバーの場合はカバーの折り返し）に、当該分野の専門家による推薦文と、著者自身によって書かれたアブストが載っている。まずはここから、**書籍全体のアーギュメント**を抽出しよう。方法は、論文のアブストの読みかたと変わらない。ただし書籍のアーギュメントは抽象度が高く、抽出がけっこう難しい。この解説は演習編にまわそう。

書籍には、だいたいチャプター級に長いイントロダクションがついている。これはもちろん、単発の論文には存在しないものだ。ここからもアーギュメントを抽出しておきたい。その場合に見るべき順番は、１）冒頭の数段落、２）第１セクションの最後、そして第１セクションが導入のためのエピソード感がつよくアカデミックな議論の本題に入らない場合、３）第２セクションの最初、そして最後に、４）各章のシノプシスに入る直前である。

４）について説明しよう。研究書は、各チャプターの議論を接続・統合すべく工夫されてはいるものの、基本的には独立した論文をいくつか並べたものである。したがって、**さきに単発のジャーナル論文でみた方法論は各チャプターの読解にそのまま適用することができる**。この作業を遂行すれば、書籍においては各章に最低１箇所ずつは赤でハイライトする箇所（アーギュメント）があることになる。これは裏表紙から抽出した書籍のアーギュメントではなく、チャプター単位のアーギュメントだ。

が、もっと簡単な方法がある。それが、**イントロダクションの末尾にある各章**

の概要を使うというものだ。だいたいイントロの最後のセクションは、各章の議論をまとめたアブストに割かれている（書籍全体のシノプシス）。裏表紙とイントロから書籍全体のアーギュメントを抽出したら、つぎにここを読んで、**各章のアーギュメントを赤でハイライト**しておこう。

ここまでで赤のハイライトが済む。それは、1）裏表紙とイントロにおける書籍全体のアーギュメント、2）イントロ内における各章のアーギュメント、そしてやってもやらなくてもよいが、3）各章のイントロ内における各章のアーギュメントである。これらが、この本が提出するアーギュメントのすべてだ。**書籍を復習するさいは、最低限これだけ見ておけば済む**というわけである。

これが本を「読む」まえの準備である。これも最初はなかなか見つけられなくて苦労するだろうが、慣れてくれば5分から10分で終わるようになる。

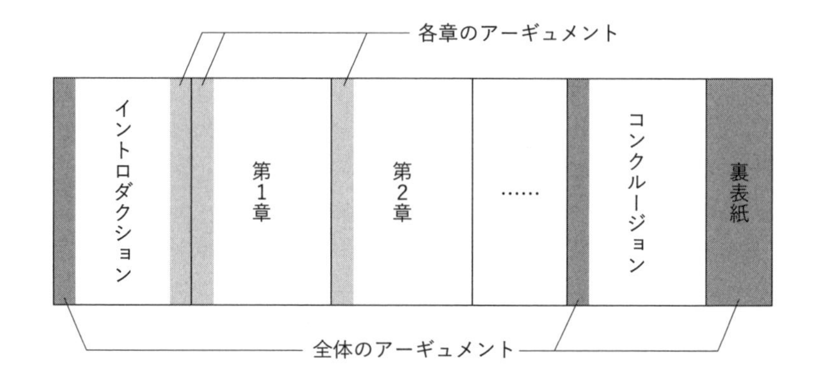

つづいて、なんらかの理由で書籍を通読せねばならないとしよう。その場合、通読において重要なのはもちろん、**アーギュメント以外の引用可能性がある箇所を特定すること**だということになる。そこで、わたしはハイライターとシャーペンをつかって、情報を5層にわけている。上から、

1）赤のハイライト：アーギュメント、ぜひとも引用したい
2）青のハイライト：個人的に興味があり、引用する可能性もある
3）緑のハイライト：重要なデータ、ファクト、情報。この本からではなく、

自分で一次資料にあたって引用
４）シャーペンの下線：読んでいて軽く重要だと思った箇所、引用してもよい
５）無印

もちろんこんな作業は各自好きに方法論を確立してくれればよいのだが、このように一瞬でわかるように色で分けておくと、いちど読んだ本を完全に自分のものにすることができ、研究の効率は格段にあがる。

５．結論

わたし自身は、ながらくシャーペンで下線をひくだけで、とくに重要だと思ったら欄外にマークするという方法で研究書を読んでいた。蛍光ペンなど、ナメていた。しかし留学中に研究書を100冊ほど読んで「これはどういう本だったか」という質問に即答できなくてはならず、この方法では対処しきれないと感じて、上記の方法論を構築したのだった。

研究が進んでくると、把握しておかなければならない研究書は４桁にのぼる。そのすべての内容を暗記しておくことなど、あたりまえだが不可能だ。そこで必要なのは、**各書物をアーギュメントへと圧縮し、各研究がどのように互いにつながっているのか、そのネットワークを脳内に構築すること**である。

先行研究の処理は、最終的にこの**マッピング能力**にかかっている。本章で紹介したアーギュメントを抽出しパラフレーズするという方法は、短い論文をスピーディに書くためだけでなく、博士論文のような大規模な議論を構築するにあたって膨大な先行研究を整理してプロジェクトを立案するさいにも、かならず役に立ってくれるだろう。

本章ではイントロダクションについて何点か先取りした。次章ではこのイントロダクションという、論文中もっとも重要なセクションを解体し、その書きかたについて詳しく学ぶことにしよう。

通読と書評について

本書では先行研究の読みかたについて、通読とはことなる「処理」のしかたについて説いた。それはもちろん、通読が「ふつう」の読みかたであり、「処理」には特殊なテクニックが必要であるためである。が、そのことは**通読が容易であることを意味するわけではない。**

じっさい、わたしが研究書の通読に慣れることができたのは、「処理」の方法を身につけてから何年も経ってからだった。短い論文ならまだしも、研究書を通読するのは大変で、いまだに苦手である。

それを身につけたのはアメリカ留学の3年目、博士号取得の資格を得るための試験勉強で、研究書を100冊ほど読まねばならなくなったときだった。わたしはすでに「処理」の方法には習熟しており、それだけで論文を書きつづけることもできたが、もし「通読をマスターする」ならこれが最後のチャンスだと覚悟し、**通読の方法論の構築**に取り組んだわけである。

もちろんわたしは、物理的に通読ができなかったわけではない。ツラかったのである。わたしは、論文なら難なく読めるのに研究書の通読がツラいということは、自分は研究書をうまく読めていないということだと考えた。つまり**「書籍単位の研究」がどういうものなのか理解していない**ということで、このままでは博士論文など書くことはできないと考えたのである——あの「書けない＝読めない」の法則だ。

この能力は短い論文の執筆に必須の能力ではないので、本書では解説しなかった。ただひとつ「通読」とはなにかを知るためのトレーニングとして挙げておきたいのが、**書評の執筆**である。

本書で解説したように、書籍全体のアーギュメントと、各章のアーギュメントさえ発見できれば、研究書の骨子は把握できたことになる。通読について考えるにあたっては「それ以外の箇所も含めた通読から得るべきものはなにか」が問題になるわけだが、そんなものいくらでもある。そこで、字数制限のある書評を書いて、**「あえて書評に盛り込むとしたらアーギュメント以外になにを書くか」**と問いながら読むのだ。

この問いについて考えておくことは、あなたが何本も論文を書いて、いざ一冊の書物をものそうとするとき、その構想段階において「そもそもどういうプロジェクトに成功すれば良い研究書になるのか」についての指針となるだろう。だが本書の読者にとって、それはまだ先の話である。

Column

第7章
イントロダクションにすべてを書く

1．イントロダクションがすべて

論文はイントロダクションがすべてである。

これは2つの意味でそうである。第一に、**イントロダクションにはその論文でやることのすべてを書かなくてはならない**ということだ。すべてとはすなわち、アーギュメントであり、そのアカデミックな価値であり、本文全体の梗概（シノプシス）である。いいかえれば、わたしたちは読者がイントロを読むだけでその論文のエッセンスを十全に抽出できるように書かなくてはならない。

そして第二に、査読者はイントロを読んだ時点でその論文の評価をほぼ決定してしまうので、**イントロですべてが決まってしまう**ということだ。イントロには「すべて」が書かれているのだから当然なのだが、それだけではなく、もっとも慎重に彫琢されていてしかるべきイントロのクオリティが低い場合、そこから挽回することはありえないと判断されてしまうのである。

イントロを制するものは論文を制する——とは言わないが（なぜなら本文も制する必要があるので）、**イントロがダメならもうその論文はダメ**だとは言える。

本書ではすでに、論文には役割の異なる3つのセクションがあるのだと述べた。すなわち、イントロダクション、本文、そして結論である。このうち、本書がしつこくこだわってきたパラグラフ・ライティングのルールは、基本的には本文のパラグラフに適用されるルールであり、**イントロのパラグラフには特殊ルールが適用される。**イントロはイレギュラーなパラグラフのかたまりだ。

パラグラフ・ライティングのルールで書かれる本文においては、とにかくミスがあってはいけないのだと強調した。これが「守り」の姿勢であるとすれば、**イントロでは読者にその論文の価値を売り込む「攻め」の姿勢が必要になる。**「どうやらこの論文のアーギュメントには価値がありそうだ」と思ってもらえてはじめて、その主張内容の論証に耳を傾けてもらえるのだから。

そのためにはまず、上述した3点セット——アーギュメント、アカデミックな価値、シノプシス——をきちんと書けることが必要条件となる。だがイントロが難しいのは、**それ以外の部分をどのように書こうと完全に自由**である点だ。それはあまりにも自由であるがゆえ、いささか書きかたを教えるのは難しい。決まったフォーマットがないのである。

というわけで本章では、第一に上述した必須項目である3点セットをどのようにイントロに盛り込めばよいのかをまず解説し、つづいてそれ以外の自由度の高い領域、とりわけ冒頭の開始方法について、いくつかのパターンを紹介することにしたい。

2．イントロの3点セットをつくる

アーギュメント、アカデミックな価値、そしてシノプシスさえ書ければ、最低限イントロは成立する。じっさいはこれらの書きかたもフレキシブルな部分が多いのだが、ここでは例によって**初学者がそのまま再現しやすいようなフォーマット**をつくってゆこう。

以下、順番が前後してしまうが、書くのが簡単な順に説明する。すなわち順に、シノプシス、アーギュメント、そしてアカデミックな価値である。

1）シノプシスの書きかた

シノプシスはアブストラクトに似ているが、まったく非なるものである。

アブストがアーギュメントを核として論文のエッセンスを凝縮した文章であり、抽象的なパラフレーズや効果的なセンテンスの配置などの工夫が求められる文章だとすれば、シノプシスは「以下、本論では、第1節でAについて述べる。

つづいて第2節ではB……」といった具合に、**本文における論証のプロセスを時系列順でまとめた文章**にすぎず、そこでは特別に高度な知的操作やテクニックが要求されるわけではない。

このような機能のため、**ほとんどの場合シノプシスはイントロの最後、つまり本文がはじまる直前に置かれる**。シノプシスの役割は、なにかを論証することでも、アーギュメントを提出することでもない。それはいわば本文の入り口において本文全体を総括する目次のような存在であり、文章というよりは機械的で機能的なパートである。

長さについては、わたしは**シノプシスに1パラグラフ割く**ことを推奨する。いわばシノプシス・パラグラフだ。ひとめで明確にシノプシスだとわかるパラグラフをイントロの最後に設けて、本文の内容を具体的に知りたいと思っている読者に便宜を図ろう。

イントロの各パラグラフにおいてはパラグラフ・ライティングの規則は適用されないのだと述べた。上述したシノプシスの機能からあきらかだと思うが、**シノプシスにはパラグラフ・テーゼなど必要ない**し、全体の長さもあまり気にしなくてよい。もし長さについて悩む場合は、ほかのパラグラフの長さに合わせればよいだろう。

ところで、**論文執筆のプロセスにおいてイントロ全体をどのタイミングで書くか**には、書き手によって大きな差がある。わたしは論文はイントロの出だしから順に書いてゆくタイプで、それ以外のセクションから書きはじめることなど、ほとんど想像もできない。「書けるところから書く」という方針も、まったく採ったことがない。

だがそういったスタイルで書いているわたしにも、唯一の例外がある。それがシノプシスで、このパーツだけは**論文がほぼ完成した時点で書く**。なぜならそれは完成した本文をなぞりながら書くのがもっとも簡便だからだ。これはルールでもなんでもないが、最初から詳細なシノプシスを書ける必要はないのだということは知っておいてもよいだろう。

ちなみに、シノプシスがない論文も世にはたくさんある。これもやはり最終的には自由に選べばよいのだが、シノプシスを書くことじたいも勉強になるので、初学者は書いておくのがよいだろう。

2）アーギュメントの書きかた

第1章で、アーギュメントは一文なのだと述べた。それはそうなのだが、たとえば前章の『アンパンマン』論のアブスト解析ですこし見たように、**ひとつの短いセンテンスだけではアーギュメントの真意を十全に伝達できないものである**。つまりアーギュメントは究極的に一文に圧縮できなければならないということであって、当然ながらイントロでポツンと一文だけアーギュメントを置くわけにはゆかないのである。

アーギュメントの提示方法はじつにさまざまなのだが、わたしはやはり、**アーギュメントを詳述するパラグラフを1つ用意する**ことを薦めている。これはじっさい多くの著者が採用しているテクニックであり、初学者はまずこのフォーマットを採用するのがよいだろう。このいわばアーギュメント・パラグラフこそ、あなたが他人の論文や研究書を読むときにまず発見し精読すべきパラグラフだ。

アーギュメント・パラグラフでやることは、基本的にふたつである。

第一に、**アーギュメントの真意を伝えるために必要かつ十分な周辺情報や文脈を盛り込む**こと。たとえば『アンパンマン』の例なら、アーギュメント・センテンスである「帝国日本の加害性を日米関係の歴史において問いなおす」の内実、具体的には戦後日本と占領米軍の話だったり、平和の名のもとで遂行される侵略戦争の批判だったり、といった内容は、べつのセンテンスで詳述されていた。

そして第二に、**抽象度や視点を変えながらアーギュメントを何度かパラフレーズする**ことで、主張内容の確実な理解を促すこと。これは『アンパンマン』の例ではレベル4あるいは最後のレベル5のセンテンスで行われていたし、またアカデミック・リーディングの練習では、アブストやイントロを読んでアーギュメントを抽出したのちにパラフレーズするというトレーニングも行った。

ところで、さっきから使っている『アンパンマン』の例だが、前章で見たのはアブストラクトであって、イントロ内のアーギュメント・パラグラフではなかったはずだ。にもかかわらず、なぜ上記のような話になっているのかというと、**アブストとアーギュメント・パラグラフはほとんど同じもの**だからである。

じっさい、論文や書籍において、アブストがそのままイントロのパラグラフの一部と完全に同一であるというケースは珍しくない。これをじっさいにコピペで済ませてしまうかどうかは自分でそのつど決めればよいのだが、基本的には**アブストそのもの、またはそれを詳述したものがアーギュメント・パラグラフである**と考えてもらって差し支えない。

したがってアーギュメント・パラグラフの書き方と読み方は、アブストラクトのそれとまったく同じである。読むときの注意点としては、**論文や研究書によっては複数パラグラフにまたがってアーギュメントが展開されている場合もある**ということくらいだろうか。しかもパラグラフが離れていたりすることもあり、やはりイントロダクションの自由度の高さが現れている。

アーギュメント・パラグラフは、論文や研究書を読むときにまっさきに発見せねばならないパラグラフである。ということは、あなたが論文や研究書を書くときは、**読者にこのアーギュメント・パラグラフを確実に発見してもらえるよう書かねばならない**ということでもある。

パラグラフの冒頭の書き方を工夫して誘導し、そして「これが著者の主張の核になるセンテンスだな」と判断してもらえるように、そこに渾身のアーギュメント・センテンスを配置しよう。その箇所を引用してもらえれば、あなたのイントロダクションは大成功だ。

３）アカデミックな価値の書きかた

アカデミックな価値を示すには、先行研究への言及が必要不可欠なのだった。この点については第６章で述べたが、ここではイントロでそれを手短に示すテクニックを解説することにしたい。ちなみに、論文がもつアカデミックな価値とは、とりもなおさず論文の価値であり、それは**研究の意義の根幹にかかわる大問題**だ。その点については、「発展編」の２つの章で掘り下げることにする。

さて、みずからの議論と先行研究との関係の記述にも、やはりいろいろな方法がある。初学者がやりがちなのは、「研究者Aは X と主張している。論文Bでは Y、研究書Cでは Z と論じられている。しかし重要な D というトピックについての研究は手薄であり、本稿ではその D について論じる」といった手続きだ。

これは稚拙ではあるものの、じつは本質的にズレたことをやっているわけではなく、**ぶっちゃけ最初に発表する論文はこの程度で済ませてしまってかまわない**。ただ以下では、このような初学者の価値の示しかたがなぜ学問的に稚拙なのかを理解したうえで、もう一歩進むためのテクニックを覚えてもらいたい。

第2章で、わたしたちはアーギュメントによって研究者たちの「会話」に参入するのだと述べた。だが研究者同士の対談でもないかぎり、じっさいにその「会話」はテクストとして存在しているわけではない。したがって**アカデミックな「会話」とは、関連する先行研究を整理することによってわたしたちがつくるもの**である。

この「先行研究の整理」(いわゆる literature review)は、じつはきわめて高度な知的操作を要求する作業である。第6章では各研究のアーギュメントを抽出し、それを咀嚼し引用するためにパラフレーズする方法を学んだ。これじたい、すでに容易ではない作業であったわけだが、どんなに個々の研究をたくみにパラフレーズしたところで、それらを「A は X、B は Y、C は Z と言っている」とまとめるのは列挙であって整理ではない。わたしたちは関連する文献を読んだうえで、それらを**ひとつの「会話」へと組織化する**必要があるのだ。

それはつまり A と B と C の関係を記述するという作業であって、**わたしたちはその先行研究のネットワーク内にみずからのアーギュメント D を位置づけなくてはならない**。「わたしの主張 D は、A とも B とも C とも違います」と言うだけでは、たんに先行研究と「違う」主張を展開しているということを示せているにすぎない。わたしたちは D というアーギュメントには価値があると言えなくてはならないのであり、それには現行の「会話」をなんらかのかたちで更新すると宣言するしか方法がないのだ。

ではあらためて先行研究の整理とはどのような作業で、そのためにはどういったトレーニングが必要なのか。わたしが初学者に薦めているのは、やはり先行研究の整理に１パラグラフを割きつつ、そこで**複数の先行研究が「同じことを言っている」と述べる練習**である。

もちろんＡとＢとＣがみな完全に同一のアーギュメントを展開しているなどということはありえない。そして、当然ながら、議論を乱暴に一般化するようなことは避けねばならない。ではどうするのかといえば、**ABCがみな一様に暗黙のうちに共有している前提のようなものを見いだし、そこに介入すると宣言する**のである。

複数の論者をくらべると、その結論はかならず微妙に異なる。わたしたちは個々の議論を検討するさいにはそれらの差異に敏感になる必要があるのだが、ことイントロでみずからのアカデミックな価値を示すにあたっては、そうした微妙な差異の詳述は求められていない。そこで読者が求めているのはあなたの議論の価値なのであり、それを示すための方法のひとつとして、**先行研究全体における議論の傾向、すなわち「会話」において共有されている暗黙のコンセンサスのようなものを疑うこと**が挙げられる。

たとえば『アンパンマン』論で、ごく単純な例を考えてみよう。いっぽうに「アンパンマンは第二次世界大戦で日本を成敗したアメリカである」と論じている陣営があり、たほうに「アンパンマンは共産圏を封じ込める冷戦期のアメリカである」と論じている陣営があるとする。

ここで二陣営は意見レベルにおいては完全に対立しているわけだが、しかし「アンパンマンは第二次世界大戦のアメリカなのか冷戦のアメリカなのか」、すなわち**アンパンマンのアメリカ性の解釈**という論点で争っている点においては同断である。

この視点から見たとき、両陣営は同じレイヤーで対立しているのであり、そこであなたが考えるべきは、たとえばだが、「どちらの側につくか」ではなく、「そもそもアメリカであるという解釈が不十分なのではないか」と**議論の前提を疑うことにより、この「会話」の欠陥を指摘すること**だ。これで多くの論者が「同じことを言っている」と批判し、あなたの議論の価値を創出することができる。

ためしに、『アンパンマン』論の本文イントロの1パラグラフという想定で、ひとつ短めの先行研究パラグラフ（と呼ぶことにする）の例をつくってみよう。ちなみに以下の**『アンパンマン』がさまざまな文脈で学術的に論じられているという部分はわたしの創作**なので注意してほしい。

> 冷戦まっただなかの1969年に短編童話「アンパンマン」として最初に雑誌掲載され、冷戦終結の前年にあたる1988年に『それいけ！アンパンマン』としてアニメ化され国民的人気を博したこの有名作品は、かねてから多くの研究者たちの関心を集めてきた[(1)]。なかでも、アンパンマンという「正義の味方」がばいきんまんという「悪者」を退治するという勧善懲悪の物語構造は、冷戦期の東西対立と重ねて論じられている。そこで問題となるのはアンパンマンのアメリカ性であり、たとえば研究者AとBはアンパンマンを帝国日本を成敗した太平洋戦争のアメリカとして解釈し[(2)]、研究者Cはアンパンマンを「共産圏を封じ込める冷戦期のアメリカ」[(3)]として読む立場を提示している。しかし最初期の「アンパンマン」ですでに明らかなように、同作は戦後の日本とアメリカ、すなわち敗戦国たる日本と占領国たるアメリカの関係性そのものについての物語であった。本稿では従来の『アンパンマン』研究におけるアメリカ研究の枠組みを超え、アンパンマンは日本とアメリカ両国の戦中・戦後の歴史が織り込まれたキャラクターであると論じることで、同作についての議論を近年のトランスパシフィック研究の文脈に位置づける。

やはり単純化された例だが、ここで注目してほしいのは、これまでの『アンパンマン』研究はアメリカ研究という枠組みに囚われすぎてきたのだ、という**認識それじたいがこの著者による整理である**ということである。この操作の結果としてこの著者は、『アンパンマン』をアメリカ研究の枠組みで分析できるという「会話」の前提を批判し、その前提への介入がこの論文のアカデミックな価値であると主張することができるのだ。

ここにはもうひとつ重要なテクニックが使われている。それは（1）から（3）までの注釈である（これは創作なので注の中身はない）。（2）と（3）は研究者A、

B、C の引用元の提示だとわかるだろう。しかし（1）は、「かねてから多くの研究者たちの関心を集めてきた」という記述につけられた注であり、これは**何名かの先行研究が列挙されるであろう注釈**である。

この作業によって、第一に引用文献の量を稼ぐことができ、第二に詳細にリサーチしたことをアピールできる――と初学者は考えてしまいがちである。たしかに注での列挙にはそのような効果があることはある。しかしその本質は、**アーギュメントをなるべく広い「会話」内に位置づけようとすれば必然的に言及すべき研究が増えるため、その多くは注にまわすしかなくなる**ということだ。

また、このパラグラフはイントロのどこかに置かれるわけだが、これが冒頭の第一パラグラフではなさそうだということは、おそらく予測できるだろう。では先行研究パラグラフはどこに置くのがよいか。アーギュメント・パラグラフとの関係・順序はどうすればよいか。

じつは、**アーギュメント・パラグラフと先行研究パラグラフは、どちらが先に来てもよい**。アーギュメントが先に来る場合、「本論は X と論じる。これには学問的な価値がある。なぜなら先行研究では……」という順序になり、逆の場合、「これまで先行研究では A、B、C と論じられてきた。だが本論は X と論じる」という順序になるというわけだ。

どちらを先に書くかは、つぎに述べる冒頭をどのように開始するかという問題との兼ね合いで、そのつど決めればよい。ちなみに、この**先行研究パラグラフは初学者でも複数のパラグラフにまたがる場合も多い**ことは知っておいてよいだろう。先行研究の処理は、初学者にとって圧縮するのが難しい。最初はいろいろな研究に言及してみて、徐々にアーギュメントにかかわる重要なものだけをミニマムに引用できるようになってゆこう。

３．冒頭について

イントロダクションにおいてもっとも自由度が高いのは冒頭部分、つまり論文のいちばん最初の導入である。

これは、**あってもなくてもよいうえに、なにを書いてもよい**。あなたはそれをアーギュメント・パラグラフで始めてもよいし、先行研究の整理から始めてもよいし、詩の引用から始めてもよいし、読者への問いかけから始めてもよいし、もし必要なら、あなたの幼少期のエピソードとか、昨日の晩御飯の話から始めてもよい。

これはあえて極端な例を並べたわけではない。幼少期に親から聞いて妙に印象に残っていた話が、じつは両親もうまく言語化できない戦争経験についての表現だった。レストランで昨日の晩に出てきた料理について尋ねてみたところ、それは環境問題のカギとなる食材だった——このようなことは十分にありうる。とにかく**冒頭は論文への導入として機能するのならなんでもあり**なのである。

だが、冒頭に期待される機能や効果のパターンについて一般論を語ることは可能だ。冒頭部分であなたが達成すべきことは、大きくわけて２つある。

ひとつは、**論文の本題へとスムーズに読み進んでもらうための導入**である。これは論文の内容をうまく理解してもらうための方向づけや効果的な文脈・エピソードの用意といったものであり、読者を論文のトピックへと導くための、機能的なパートになる。

ここでポイントになるのは、**親切さ**である。すぐに述べるように、じつは論文の冒頭においては親切さがすべてではないのだが、初学者がまず身につけるべきは、読者がこちらの意図を読み間違えないように細心の注意を払って親切に書くことであると、わたしは考えている。

この親切さの度合いは最終的には掲載媒体やリーダーシップ（想定される読者層）に応じて調整すべきものなのだが、初学者はきまって情報量の足りない不親切なイントロを書いてしまうものだ（これもやはり初学者のパラグラフが短くなりがちであることの一例である）。初学者は、**まず過剰なくらい丁寧な説明を盛り込み、親切な導入を書くトレーニングを積むのがよい**だろう。

冒頭のふたつめのポイントは、**この論文は面白そうだと思ってもらうこと**である。つまり論文ないしは著者に興味をもってもらい、その論文を読んでみたい、この著者の話を聞いてみたいと読者に思わせることだ。

これはアカデミックな価値の提示とは異なり、純粋に**レトリックの問題**である。くりかえしてきたように、論文は「面白い」必要などなく、肝心なのはアカデミックに重要であるか否かだけである。だがもちろん論文は面白いほうがよいし、重要な研究を発表できる書き手は、えてして魅力的な文章を書くものだ。

この面白さ・魅力については、初学者でもチャレンジできそうなパターンについて２点だけ述べておこう。

ひとつは、**エピソード**によって開始する方法である。あなたもおそらく、魅力的なエピソードから始まるアカデミックな文章を読んだことがあるだろう。そのエピソードは、論文の本題の背景となる歴史的な物語でもよいし、まったく無関係に見えるがじつは本題の本質を突くような出来事――たとえば幼少期の記憶や、昨晩の食事内容――でもよい。

もうひとつは、さきに「冒頭は親切さがすべてではない」と書いたことに関連する。親切ではないが効果的なイントロとはなにか。ここで親切さに対立するのは、**意外さ**である。つまり驚きだ。あなたは冒頭で読者の意表を突くことで、その心を掴むことを目論んでもよいのである。

親切な冒頭は、**大きな見取り図から徐々にズームインしてゆく**ことで本題に接近してゆくものである。「むかしむかし、あるところに」という前置きがあるが、これはキャラクターを配置するための時間（むかしむかし）と空間（あるところに）の座標を読者に与える親切な設計である。この前置きなしで、いきなり物語の第一文が「おじいさんとおばあさんが」と始まるだけで、まったく印象が変わることがわかるだろう。

意外な冒頭は、**細部から始まってズームアウトしてゆく**ことが多い。読者は文脈なしでいきなり物語の細部を提示され、それがなんの話なのか手探りで徐々に情報を収集してゆくような作業を強いられる。ちなみにこのテクニックには in medias res という名前がついていて、古代ギリシャからよく知られている常套レトリックだ。

最後にもうひとつ、わたしが冒頭の開始方法について日頃から感じている、ちょっと変わった有用性について言及しておこう。いささか勘に頼った話になるので読み流してもらってかまわないが、これが役に立つ読者もいるだろう。

わたしは論文は、大部分の調べ物が終わった時点で冒頭から書き始めるのだが、その書き始めるタイミングまでに、冒頭を開始するためのエピソードとして複数の候補が浮上している場合が多い。おそらくどのエピソードで書いても論文は成立するのだが、そこで「これだ！」と思える冒頭が書けるかどうかで、その後の執筆がスムーズに進むかどうかがかなり左右される。

これはおそらく、本文の全貌をきちんとイメージできているかどうかで、冒頭の良し悪しを判断できるかどうかが決まる、ということなのだと思われる。つまり**ひとつの冒頭を「これだ」と思えるということは全体を執筆する準備が整っているからそう判断できる**のであり、「まぁこれで大丈夫かな……」という程度では、もうすこし本文の準備に時間を割いたほうがいいということだ。もちろんこれをルールとして採用する必要などないが、これが執筆開始のタイミングの目安として役立つ読者もいると思われるので、紹介しておいた。

４．結論

イントロは、冒頭部分、先行研究パラグラフ、アーギュメント・パラグラフ、シノプシス・パラグラフの４つの要素からなる。そのあいだに必要ならパラグラフを挟んでもよいが、実際問題として、単発のジャーナル論文では、イントロというスペースにおいてこれ以上いろいろ書くのは難しい。**イントロは通常、３、４パラから、長くても６パラくらいで終わるセクション**だ。

論文はイントロがすべてである。だが、そこは戸惑ってしまうくらい自由な空間だ。あなたもイントロという短いながらもクリエイティヴィティを詰め込むことのできるセクションにおおいに労力をかけ、ぜひ自分のスタイルを模索してほしい。あなたの論文が読んでもらえるかどうかは、そこで決まるのだから。

第８章
結論する

１．結論と要約

実践編の最終章となる本章では、論文執筆の最後のパーツとなる**結論（コンクルージョン）**の機能とその書きかたについて解説する。

イントロもなかなかの難物であったが、おそらく**結論こそは公式めいた方法論を抽出するのがもっとも困難なセクション**である。そもそも明確に「結論」と題したセクションを設けない論文や研究書も世の中には多く存在し、その存在意義は、きわめて掴みどころのないものとなっている。

もちろん、以下で解説するように、多くの著者が結論部分に書く定番の内容というものは存在する。だから**書けるようになることじたいが困難なわけではさほどない**のだが、それでもやはり、それらはあってもなくても論文の成否に本質的には影響しないような要素であり、たとえばイントロにおけるアーギュメント・パラグラフやアカデミックな価値の提示といった不可欠なパーツとは、かなり性格が異なっている。

さらにいえば、結論セクションがない論文もあるという事実が示しているように、**結論は重要度でいえばイントロや本文よりも低い**。それは論文の成否にかかわる不可欠な要素を含まないという意味においてもそうだし、また、ちょっと暴論に聞こえるかもしれないがリアルな実態をいえば、イントロと本文さえちゃんと書けていれば、結論でちょっとくらいスベってもなんとかなる。

ただし、わたしは結論は書いたほうがよいと考えているし、それはおそらく、論文中もっとも大きな可能性に開かれたセクションでもある。そこでは、イントロとはまた違ったタイプの自由が許容されているのだ。**結論は、論文の内部にありながら論文を超越するようななにかを埋めこむことができる可能性のある唯一のセクションである。**

解説に移るまえに、最低限まず次のことを確認しておこう。**結論とは議論の要約ではない。**

すこしだけ言葉遊びに付き合ってもらいたい。わたしがここで思い浮かべているのは、さっきから使っているコンクルージョン（conclusion）という英語と、サマリー（summary）の対比である。

summaryは語源を辿るとラテン語のsummaの派生語であり、これは英語のsum（総和）、あるいはtotal（全）という意味をもつ。**「要約」と訳されるサマリーとは議論の全体（総和）を圧縮したもの**であり、それはすなわち、シノプシスやアブストラクトに近いものだ。じっさいわたしの手元にある類語辞典では、summaryの類義語としてsynopsisとabstractがまっさきに挙げられている。

それにたいしてconcludeのラテン語源であるclaudereは、close（閉じる）あるいはend（終わらせる）という意味をもつ。つまりconcludeとは議論の総和ではなく、いわば**総和の外縁を「閉じる」ことで議論を「終わらせる」という行為**なのである。結論はまさしくその「閉じる」というジェスチャーによって、その議論に総和以上のものを追加するなにかでなくてはならない。

では閉じるとは、終わらせるとは、結論するとは、具体的にはどういった行為であるのか。**それはアーギュメントと論証という論文のコアとなる要素に、末尾でなにを追加するというのか。**以下ではまず結論というセクションの存在意義について理論的に考え、つぎに結論で述べられる具体的な内容の定番を学ぶことにしたい。

2．コンクルージョンとはなにか

エリック・ヘイヨットの抽象度によるパラグラフ解析を紹介したときに予告し

たことを思い出すことからはじめよう。パラグラフ・ライティングの解説でチラッと触れたように、彼の本は抽象度でのパラグラフ解析そのものよりも、**「左右非対称のＵ」**（Uneven U）というアイディアで知られているのだった。

パラグラフの解説をしたときには言及しなかったのだが、じつはヘイヨットは各センテンスの抽象度を１から５までのレイヤーにわけたうえで、**パラグラフ・テーゼの抽象度はパラグラフの冒頭と末尾で異なるべきだ**と述べている。

パラグラフ・テーゼは冒頭に置かれ、それは末尾でくりかえされるのだった。だがヘイヨットによれば、それは４から始まって３、２、１、と具体へ下降してゆき、そこから再浮上して**最終的には４よりも抽象度の高い５に到達すべき**だというのだ。下図はそれを図示したものである。これが彼のいう「左右非対称のＵ」だ[1]。

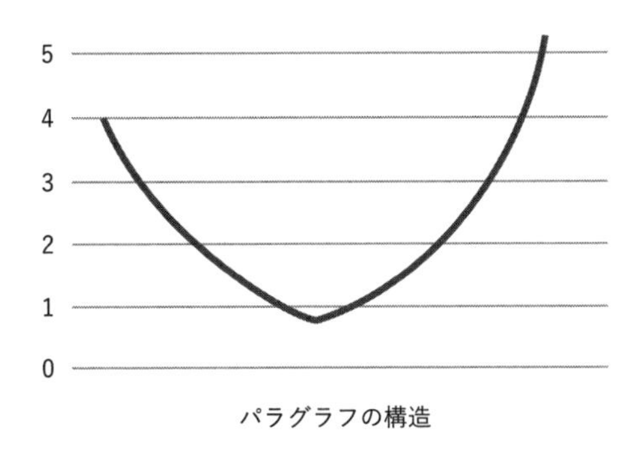

パラグラフの構造

わたしは正直にいって、この非対称性モデルは個々のパラグラフの執筆においてあまり役に立たないうえ、パラグラフというものの理論的な理解にもさほど貢献しないと考えている。だからパラグラフの説明においては、このアイディアも図も参照しなかった。

だがヘイヨットはさらに、この非対称性は**個々のパラグラフだけでなく論文全体にあてはまる構造**であると述べている。つまり彼は、各パラグラフ、各セク

1　Hayot, *The Elements of Academic Style*, 62.

ション、そして論文全体のすべてが「左右非対称のU」をもっており、全体として入れ子構造になっていると主張しているのだ。それを図示したものが下図になる[2]。

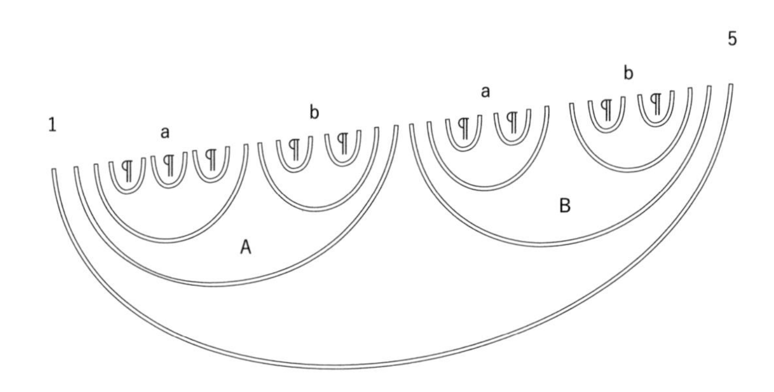

つまり、**イントロがレベル5だとすると、コンクルージョンはそれを超えたレベル6に到達せねばならない**。よく知られる“The Uneven U”はパラグラフについてのモデルだと基本的に理解されているが、これはむしろコンクルージョンの意味を考えるうえで、もっとも強力な効果を発揮するアイディアであるように思われる。

コンクルージョンはイントロダクションよりも高い位置にあるというこのアイディアを念頭に、べつの角度から結論というセクションの存在意義についてあらためて考えてみよう。

ここで問題になるのは、そもそも議論が高次元であるとは、「超える」とはどういうことなのかである。本書の読者にとってこの問題は、**アーギュメントを超えるとはどういうことか**という問いに等しい。だが、鍛えに鍛えたはずのアーギュメントを超える必要などあるのだろうか。いや、そもそもほんとうにアーギュメントを超えた認識を提示できるのなら、それはイントロで書くべきだったはずではないか。

2　Ibid., 70. ただし、この図で左端の数字1は4の誤りであると思われる。

このように考えると、コンクルージョンがイントロを超えることは構造的にありえないように思われる。だが、それは可能なのだ。ではどう考えればよいのだろう。

ここでまず重要なことは、**コンクルージョンはある意味で独立したセクションである**ということである。

論文とはアーギュメントを提示してそれを論証する文章であり、本文においてはその全要素がアーギュメントの論証に奉仕していることが理想となるのだった（これを argument-driven という）。アーギュメントの論証に直接関与しないパラグラフやセンテンスは不要な脱線にほかならず、それは注にまわすか、あるいは書くべきではない。

それにたいして、**コンクルージョンとはアーギュメントの論証に奉仕するセクションではない**。アーギュメントの論証は結論に入る直前までで十全に完了していなくてはならないのであり、コンクルージョンとは「アーギュメントを提示して論証する」という論文の必要十分条件を満たしたあとに置かれる、いささか余剰的なセクションなのだ。だから結論がない論文があるのである。

ではあらためて、アーギュメントを「超える」とは、より具体的にどういうことなのか。『アンパンマン』論のアブストを例として説明してみよう。

わたしたちが1万字や2万字程度の短い論文で扱える問題は、せいぜい「やなせたかしの『アンパンマン』は侵略戦争を「正義」の名のもとに正当化する日米のロジックを批判する」といった、きわめて個別具体的なトピックについてのテーゼにすぎない。

イントロと本文まで書いて、あなたはこのアーギュメントをぶじ論証し終えたとしよう。そこからさらにあなたはコンクルージョンを書いて、アーギュメントを超えなくてはならない。どうすればよいか。

その方法論は、一般化してしまえば、じつにシンプルなものである。すなわち、**問題を個別具体化し限定しているなんらかの枠組みを取り払えばよい**のである。

やりかたを説明しよう。まずは、このアーギュメント「やなせたかしの『アンパンマン』は侵略戦争を「正義」の名のもとに正当化する日米のロジックを批判する」における諸要素を分解し、だいたいでよいので、小さいものから大きいものへ順に並べてみてほしい。そうすると、やなせたかしとか『アンパンマン』は小さい要素であり、侵略戦争とか「正義」とか日米のロジックとかは大きな問題であることがわかるだろう。

これを、ためしに小さいほうから「取り払う」ことをやってみたい。この操作にはいくつもの可能性が考えられるが、たとえば――

1）侵略戦争を「正義」の名のもとに正当化するロジックの超克は、やなせのべつの作品でも生じている
2）同様の超克は、戦後の日米におけるサブカルチャーのほかの作品でも生じている
3）同様の超克は、日米にかぎらず多くの国家における戦後責任問題において重要である
4）同様の超克は、あらゆる戦争と正義の問題において重要である

このような拡大が可能になる。（1）では『アンパンマン』という作品の枠組みを取り払い、（2）ではやなせたかしという作家の枠組みを取り払い、（3）では日米という国家の枠組みを取り払い、（4）では戦後という時代の枠組みを取り払っている。このように議論を拡大する結果として、あくまでも『アンパンマン』論であった論文の射程は、それぞれ――

1）やなせたかし論
2）戦後日米サブカルチャー論
3）戦後責任問題論
4）戦争論・正義論

このように拡大していっていることがわかると思う。これを念頭に置けば、「コンクルージョンはアーギュメントに奉仕しない」というテーゼの理解を一歩進めることができるはずだ。

コンクルージョンであなたは議論を、たとえば（2）の戦後日米サブカル論へと拡大したとしよう。しかし当然ながら、結論でおもむろにほかのサブカル作品をいくつも分析しはじめることなど許されているわけがない。

論文で扱った問題が戦後の日米サブカル作品にひろく当てはまる事象であるというテーゼを論証するのであれば、『アンパンマン』論と同様の分量を割いて複数の作品を分析する必要があるわけで、そんなことを結論で遂行するのは不可能だ。そこでできるのはせいぜい、「これはより大きな問題の一部です」と示唆することである。つまり、**あなたは（2）のテーゼを結論で論証できるわけではない。**

だが、それでいいのである。結論セクションで提示するテーゼは、論証にその論文1本を要したアーギュメントよりもデカくて十分に論証などできない、にもかかわらず、あなたはそれを結論で書いてよいのである。つまりそこでは、あの**「飛躍」というタブーが許容される**のだ。論文という文章ジャンルを支える根源的なコードから逸脱したセクション、それがコンクルージョンである。

そしてこれが、コンクルージョンはアーギュメントを「超える」のだということの意味である。**コンクルージョンではその論文内で論証が不可能かつ不必要な大アーギュメントによって、イントロのアーギュメントを超えるのだ。**

わたしが基本的に本文からのアーギュメント抽出はコンクルージョンよりもイントロダクションから行うように薦めている理由も、これでわかってもらえると思う。**コンクルージョンから探すと、本文のアーギュメントよりも大きなアーギュメントを抜いてしまう可能性がある**わけだ。

以上がコンクルージョンの機能についての理論的な理解である。この左右非対称のUという構造は、短い論文だけでなく書籍にも適用可能なものである。そのような視点で研究書が読めるようになると、**本を一冊通読するということの意味、ひいては一冊の研究書を書くという行為の意味**が、徐々につかめてくる。

ではじっさいのところ、アーギュメントを超えるにあたっては、どこまで・どのように超えるのがよいのか。以下、もうすこし具体的な例をパターン化して紹介しながら、結論部分の着地点についての方針を立てるためのヒントを述べることにしたい。

3．結論のパターン

いまさらだが、コンクルージョンをどう書くかという問題は、当然ながら多くのアカデミック・ライティング本が扱っている項目である。そうした指南書が共通して与えているアドバイスは、**「結論ではあなたの議論の応用可能性に言及せよ」**というものだ。

これはさまざまなパターンを帰納して導かれる総論としては正しいアドバイスであるということが、以下を読めばわかってもらえると思う。ただ例によって、このアドバイスそれじたいは結論をどう書けばよいのかわからない初学者にとって活用しにくいものとなっているため、本節では具体的なパターンとその意味を理解することを介して、**議論の応用可能性とはそもそもなんなのか**を本質的に理解することを目指そう。

1）研究プロジェクトを売り込む

まずは「応用可能性」の意味を理解するのに役立つであろう、もっともスタンダードなパターンからはじめよう。

ふつう、初学者にとって１本目の査読論文はそれまでの研究活動の最高到達点である。しかし、遅くとも博士論文を執筆する時点では、**ジャーナルに掲載されるような短い規模の論文は、より大きな研究プロジェクトの一部として執筆される**。つまり、たとえば戦後日本文学論や日米サブカル論といったプロジェクトの一部（１章）として、『アンパンマン』論を書くわけだ。

もし、あなたがそうしたプロジェクトをすでに走らせているのなら、前節で述べたコンクルージョンでの着地点はそこに設定すればよい。それがやなせたかし論ならやなせの別作品に簡単に言及して、それが彼の作品にコンスタントにあらわれる、この作家が生涯をかけて探求したテーマであるとたとえば結論できる。戦後の日米サブカル論なら、やなせ以外の作家たちの作品いくつかに言及して、『アンパンマン』の問題はより広範な作品群に見られる戦後の日米サブカルチャーの問題の一部であると示唆すればよい。

これはまさしく「応用可能性」の提示の一例である。たとえば『アンパンマン』の問題は別のサブカル作品Ｘにもあらわれていると示唆することは、あなたの議論が作品Ｘに「応用」できると主張することに等しいからだ。だから前節で述べた「枠組みを取り払う」という操作は、いいかえれば、あなたの議論の**応用可能性の地平を読者に見せること**にほかならない。

ではなぜ応用可能性の提示が重要なのか。それは、**あなたの論文の価値は最終的には引用されるかどうかで決まるから**である。

とりわけ人文学において、ひとは議論が精緻であればあるほど論文の価値は高くなると考えてしまいがちである。それはそうなのだが、**しかしその論文がアカデミアにとって価値があるかどうかは、基本的に被引用可能性によって測定される。**議論の精緻さは論文のクオリティを支える要素だが、議論が精緻であるという資質じたいにアカデミックな価値が宿るわけではない。

その価値のつくりかたのひとつが、「この論文は『アンパンマン』そのものに興味がない人にも有益な議論ですよ」と述べること、つまり、**アーギュメントと論証の具体的な内容よりも広範な応用可能性の提示**なのである。

以上の内容は、アカデミアにおいて**リーダーシップ**（readership、読者層）の問題として理解されている。つまり、その論文をなんらかの興味にもとづいて手に取り、読み、引用する可能性のある潜在的な読者の人数のことだ。コンクルージョンでアーギュメントを「広げる」ことで、論文がリーチしうる範囲を拡大するのである。

これを図示すると、次ページのようになる。

わたしが**同心円モデル**と呼んでいるこの図で重要なのは、『アンパンマン』論から戦争論へと広がるにつれて、そのトピックに関心をもつ読者数（readership）の規模が拡大しているという点である。

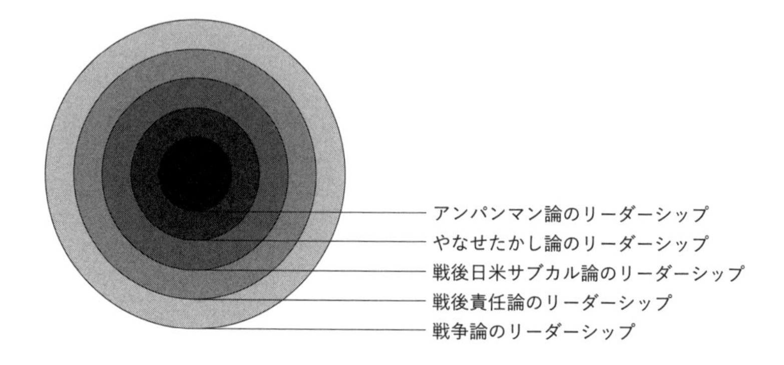

潜在的なリーダーシップは多ければ多いほどよい——採用する側は、つねにそのように考えている。これは「発展編」の内容になるが、**自分が取り組んでいる目の前の小さな研究トピックが巨視的にはどういった大きな研究の一部で、自分の論文にどのような貢献が可能なのか**、そういった視点について折に触れて考えることは、初学者にとっても無駄にはならないだろう。

2）時事問題に接続する

論文はかならずしも現在進行形の問題を扱っているわけではなく、何十年、何百年、何千年もまえの事象が研究対象である場合もある。そのなかにはおそらく、現代の問題とまったく関係ないものもあることだろう。

だが論文で扱われる過去の事象の多くは、その事象じたいは純粋に過去の問題であっても、なにかしらの共通点や相違点などを介して現代の問題とつながっているものである。そもそも**自分の研究が現代を生きるわれわれにとってどのような意義をもつのか**を説明できることは、人文系の研究者に求められる重要な資質であると言ってよいだろう。

ともあれ、結論で議論を、広義の時事問題というか、**論文の内容とダイレクトに関係あるわけではないように見える現代の問題**へとつなげて話を広げるというテクニックは、ひとつの定番だ。その方法は、たとえば『アンパンマン』ではない現代の子供向けアニメについて語るとか、あるいは、侵略戦争の正当化という論文の結論で、論文執筆時点において世界で進行しているべつの戦争の話へと接続するとか、いくらでも考えられる。

これもまた一種の応用可能性の提示である。あなたは現代のアニメとか現在進行中の戦争の話についてなにかを論証することはできないが、本文で述べた内容は現代のトピックを考えるにあたっても有益である――つまり応用可能である――という示唆によって議論を閉じることで、**かならずしも『アンパンマン』について論文を書くわけではない読者への貢献をうみだす**というわけだ。

これには**時間が経つと議論が古びてしまう**という難点があるが、しかしどんな論文もある特定の時代において書かれざるをえないのだから、さほど気にする必要はないとわたしは考えている。

3）新しいエピソードを導入する

これは2）と似ているのだが、あえて分類したのは、かならずしもトピックが現代の問題にかぎらないという点のほかに、こちらのケースはおもに、**論文の本文に含めるつもりで一定程度の調査を行ったものの、議論の流れ的に本文に入らないことになった剰余のようなエピソードを活用する**というパターンを想定しているためだ。

論文執筆のために調査すると、かならず**本文に組み込めない「調べ損」的な断片**が手元に残る。それはじっさいは「損」ではなく、論文で使わないにしてもなんらかの肥やしになるものなので気にする必要はないのだが、ともあれ、結論はそれを有効活用する絶好のチャンスである。

結論でこれがやりやすいのは、上述してきたように、結論は本文からの独立度がかなり高く、あらためて新しい話題を導入することが一定程度まで許容されているためだ。**そこでは本文には入れられなかったものの、本文と関連しないわけではない魅力的なトピックを導入し、それを短いセクション内で消化しきる**という作業に向いている。

ちなみにこの形式は、長編小説や映画で物語の本編から時系列的に離れた「それから10年後――」的な後日譚のようなパートに、とてもよく似ている。しばしばコンクルージョンに「**エピローグ**」という題をつけている本があるが、それはこういったタイプの閉じかたには、きわめて適切なタイトルだといえよう。

補足すれば、こうした余ったエピソードは、結論で使うのももちろんよいのだが、いずれべつの論文のパーツとして使える場合も多い（とくに大きなプロジェクトを走らせている場合はそうである）。**ハマらないと思ったら、思いきってボツにして、つぎのプロジェクトの種にするものも一考**だ。

4）自分を登場させる

もうひとつ、コンクルージョンで筆者を登場させるという荒技がある。あたかも舞台上演後のカーテンコールのように、フォーマルな議論を終えたところで筆者自身が「私が書きました、ありがとうございました」と出てくるわけだ。

これは日本の読者なら、日本語の書籍の「あとがき」で親しんでいる、あのパートだと考えてくれればよい。そのパートにおける著者の存在感は本文とは完全に異質であり、親密な態度でパーソナルな事情などを語ることになっていることを、おそらくあなたも知っているだろう。英語の著書だと、謝辞と呼ばれるパート（Acknowledgment）が、これと同じものだ。

が、ここでの問題は、これをコンクルージョンという論文「内」のパーツとして書くケースである。そこで書くべき内容はなんでもありうるが、わかりやすい例を挙げれば、たとえば、その論文ないし書籍のプロジェクトがいかにして開始されたのか、その**個人的な動機**を語るというパターンがありうる。

これは日本語の「あとがき」にもあるものだし、英語圏でもイントロに、あるいはイントロのまえに「プロローグ」を設けて、それを書く場合がある。だがコンクルージョンでそれをやる場合、それは「私」を出すことで、**それまでの議論がどのような私的なモチベーションに駆動されて書かれた文章だったのかを最後に告白する**といった役割を果たすことができる。

これには劇的な効果が見込めるのだが、これを好んでやる著者は、当事者研究に接近した、きわめてリアルでアクチュアルな問題に研究をつうじて取り組んでいるという意識を強くもっているケースが多いように思われる。最後に「私」

を出す行為によって、**これまでの客観的で学術的な記述の裏には生身の人間がおり人生があるのだという事実**を読者に意識させ、その議論が現実世界において発揮しうる力を——つまりその現実への応用可能性を——その著者は読者に伝えようとしているのだ。

4．結論

留学終盤に、村上春樹『ねじまき鳥クロニクル』論をアジア研究のトップジャーナルである*Journal of Asian Studies*に投稿したときの話である。同誌は小説の作品論をあまり掲載してこなかった媒体で、しかも同論は業界２番手の媒体からすでにリジェクトされていたので、わたしは出版を急がないという理由で、とりあえずダメ元で*JAS*に出してみたのだった。

が、それは意外にも好意的に受け入れられ、編集長からのメールも「ぜひ出版したいから直してくれ」といったスタンスであった。もちろん査読者からの改稿要求に応えるのはいつでも大変なのだが、このときは、査読者Ａが「コンクルージョンがダメだ、全文書き換えよ」と要求してきた。

わたしは結論部分を「全消し」して——しばしば改稿のときにはこの思い切りが必要になる——査読者Ａの要求に従って改稿したところ、つぎの査読のラウンドで査読者Ａからのコメントは「グッジョブ。アクセプトせよ」の１行だった。

が、こんどはこの改稿を見た査読者Ｂが、なんと「コンクルージョンを書き換えよ」と要求してきたのである。

結局、わたしはかなり苦労して、査読者Ａの要求を裏切らないように査読者Ｂの要求にも応えられるような文章をあらたに書いた。いま見てみると、バージョン１、２、３はまったくべつの文章だが、すべてこの論文のコンクルージョンとしては機能しうるように思われる。それほど、本文の議論からどのようなコンクルージョンを引き出すかには、決まりがないのである。

わたしは論文の各パーツのうち、いまでもコンクルージョンを書くのがもっとも苦手である。

コンクルージョンを上記の公式めいた方法で済ませるのは簡単なのだが、本章の冒頭で述べたように、結論セクションはもっとも自由度が高く、あまりにも大きな可能性に開かれているので、なにかやってみたくなってしまい、それでいつも失敗してきた。「本文が良ければ結論でスベってもなんとかなる」などと書いたのは、そうした経験から出てきた言葉である。

――さて、この結論セクションが新しいエピソードから始まり、「わたし」を登場させたことに気がついただろうか。コンクルージョンでは、これが許されているのだ。

*

まずはガチガチにルールを守ることでむしろ執筆の手助けとし、それに慣れたら自由にカスタマイズせよ――本書はどの要素についてもそう述べてきた。論文は究極的には自由なのであり、本書が提示しているルールを「守る」ことが正しいわけではない。守ると書きやすいというだけだ。もういちどくりかえそう――アカデミック・ライティングは目的ではない。手段である。

守破離という言葉がある。型は、まずそれに則って書きかたを練習し、のちに習熟したら、いずれそこから逸脱するためにある。それがあなたの個性を、スタイルを、徐々に形成してゆくだろう。そのとき、**学術論文は表現の場となる。**書けるようになった先にはそうした世界が広がっているということを、どうか忘れないでほしい。

以上で論文の全パーツの解説が完了した。さあ、あとは書くだけだ。

第９章
研究と世界をつなぐ

１．なぜ論文を書くのか

ここからの「発展編」では、人文学の研究という営為について、あらためてべつの角度から考えなおすことに２章を費やしたい。ここまでの記述とは異質な内容で、いささか思弁的な領域に踏み込んでいるので、**初学者はまず「原理編」と「実践編」の８章に習熟することを最優先してほしい。**

本書の目的は、学習者が独力で論文を書けるようになるための、あるいは、より優れた論文をより効率的に書けるようになるための、知識と技術と考え方の提供だった。その目的については、これまでの８章でわたしのできることはやり尽くしたといってよく、あとは読者に各自でトレーニングしてもらうしかない。そのためのドリルは、「演習編」に用意してある。

本章と次章は、そのどちらにも属さない、いささか独立した内容の章である。ここからは、論文が書けるようになったあとの問題を扱う、といってもよいかもしれない。

わたしは本書を、いかなる事情であれ、とにもかくにも論文を書く必要がある読者を想定して書いてきた。あなたは、なんとなく文学部などに入った学部生かもしれないし、人文学研究に人生を賭ける決意を固めた院生かもしれないし、あるいは若手からベテランまでの大学教員かもしれない。だがいずれにせよ、わたしたちは「**論文を書くことがゴールである**」という前提は共有したうえで、本書の対話を開始したはずである。

そのゴールの達成のためには、わたしはとかく人文系の研究においては嫌われがちな「テクニック」とか「コストパフォーマンス」といった考え方は、おおいに結構だと考えている。なぜなら——あまり初学者にこう伝えるべきではないのだが、ここでは書いてしまおう——**研究者なら論文など書けてあたりまえだから**である。

研究は、論文が実力的には書けるようになったあとこそが勝負なのであり、もしその前段階でつまずいているのなら、小手先のテクニックでもなんでもいいから、さっさとクリアして先に進んでしまうべきなのだ。というのも、本章と次章であきらかにするように、**論文というのは究極的には手段にすぎない**からである。論文にコスパを求めるなど邪道であるという考えは、人文系のアカデミック・ライティングの神秘化であるだけでなく、論文執筆の「先」が見えていない者の意見にすぎない。

「論文を書くことがゴールである」ということが本書の大前提だった。ではいま、この前提を取り払うとどうなるだろうか。つまり、べつに論文なんて書かなくてもよいのではないか、あるいはもっとラディカルに、**人文学の論文に価値などないのではないか**——本章ではそういった視点から、いまいちど研究と論文執筆を眺めなおしてみたいのだ。

そもそも、なぜわたしたちは論文を書くのか。正直に言おう、それは、単位のためであり、学位のためであり、就職のためであり、昇進のためだ。ようは、**広義の「仕事」だから書く**のである。あなたもおそらく、このいずれかの必要に迫られて本書を手に取ったことだろう。

だがいったんそういった現実問題から離れて、あらためて問いなおしてみたいのだ。**なぜわたしたちは論文を書くのか**。なぜ人文学などという学問体系が存在し、なぜそれは一定の価値が認められ、たとえば大学という組織において場所が与えられ、予算がつき、支援され、保護されているのか。はたして、それは「必要」なのだろうか。

こうした疑念は、人文学の外から投げかけられつづけている。だが上記の問題に向き合うことは、そうした外部からの批判に応答するためなどではなく、われわれ自身にとって重要なことなのである。これは人文学の存在意義そのものにかかわる問題だからであり、それはもちろん、つぎの問題へとダイレクトにつながっている――**わたしたちの存在意義はどこにあるのか？**

こうした自問は、かならずしも研究の遂行において必要不可欠なものではない。だがわたしはこの問いを本書に含めることにした。なぜか。はじめから本書の立場は一貫している――そう、これはまわりまわって、**論文執筆に役立つ**のだ。

この根本的な自己批判に向き合う作業は、遠回りで無意味な作業に思われるかもしれない。だがそれは、**査読論文ぐらいなら余裕で書けるようになり、自分が書きたいことを自在に書けるようになったあなたを、研究者としてどこまでも成長させてゆくための重要な指針になる**はずである。上記の問いにどう答えるかは、あなたの研究者としての器の大きさにかかわる問題なのだ。

本章では、人文学の研究をあらためて「べつの角度」から、つまり**人文学の存在意義を前提しない立場から**、見つめなおしてみたい。わたしの私的な体験談の分量が増えてしまうが、ここからは汎用的なテクニックよりも個々の人間の問題にフォーカスが移るので、ご容赦いただきたい。

２．研究の意義をうたがう

本書が最初にかかげた、つぎの定義に立ち返ろう――論文とはアーギュメントを論証する文章である。そして、忘れられがちなことなのであらためて強調しておくが、論文にはアカデミックな価値がなくてはならない。

では論文のアカデミックな価値はどこにあるのか。アーギュメントである。論証にあるのではない。ということは、まず**アーギュメントにアカデミックな価値がないと、それを論証しても仕方がない**ということになる。どんなに論証がエレガントだろうと、その結果として論証されるテーゼに価値がないのなら、そのプロセスは無意味だからだ。

研究者の仕事は、アカデミックな価値を生み出すことである。そして当然ながら、どのような論文もアカデミックな価値をひとしく産出しているわけではない。よりすぐれた論文は、より高い価値を生み出している。だからわれわれも、よりすぐれた論文を書くことを目指していてしかるべきである。

だがじつのところ、**論文の価値の問題にこだわりはじめるのは、論文がかなり書けるようになってからでよい**。むしろ、ぜひそうすべきなのだ。

本書では「ぶっちゃけ最初の論文はこの程度で済ませてしまってかまわない」といったことを何度か述べてきた。なぜあえてそんなことを書いたのかというと、**はじめの1、2本の論文は必要最低限の条件を満たしてさっさと出版してしまうべきだから**である。

論文は最初の1本を出版できると、それがひとつの基準点となってその後の自分の文章の良し悪しを相対的に眺められるようになるものなのだが（これは自分で書いた論文でないとなかなか得られない判断力である）、その開始のタイミングが遅れてしまうと、論文の総生産数も、そして実力の最高到達点も、どんどん目減りしてしまう。

わたしたちは1本目を出版することに、じつはもっと焦らなくてはならない。だから**妥協しても許される点においてきちんと妥協して最初の論文の出版を早める**ことは、長い目で見たとき、きわめて重要になる。1本目から「完璧」を求めるのは、もしそのせいで出版タイミングが半年でも遅れてしまうのなら、すぐれた研究者を目指すにあたって本末転倒な理想主義であると言わざるをえない——むろん「完璧」な論文など、どこにも存在しないのではあるが。

本書が論文の価値に向き合うという重要トピックを終盤に含めたのは、上記のような理由による。「原理編」と「実践編」では、ともかく1本目の論文を完成させて出版するためのテクニックと考え方を語ってきた。が、いったん論文がそれなりに書けるようになったなら、わたしたちはアーギュメントの価値を高めることに、つまり、**よい論文を書く**ことに、もっともっとこだわらなくてはならない。

では、よい論文とはなにか？　論文に価値があるとはどういうことなのだろうか？

この問題に、べつの問いからアプローチしてみよう。あなたは人文学には価値があると信じているだろうか？　いや、むしろつぎのように問うたほうがいいかもしれない――あなたは、**なぜ人文学という学問が公的に保護・支援されねばならないか、その理由を説明せよ**と言われたら、どのように答えるだろうか？

本書ではすでにアカデミックな価値のつくりかたについては解説した。だがそれは、すでに論文を書かねばならないという状況に置かれた者が満たすべき諸要件にすぎない。つまり、人文学の価値を土台から疑問視する観点から見たとき、その論文はたんに人文学が勝手につくった内部ルールを遵守した文章にすぎず、それが**人文学の外部において価値を発揮するとはかぎらない**のだ。

だからいま問うている問題は、論文や研究書の「アカデミックな価値」ではない。わたしは、*その論文のルールをつくったアカデミズムそれ自体に価値があるのか*と問うているのだ。その文章や活動は、アカデミアの外部、つまり社会において、あるいは――これは大袈裟な話ではない――**この世界において**、いかなる価値をもちうるのだろうか。

この点について、わたし自身が辿ってきた研究スタイルの変化は、ひとつのモデルを提供するように思われる。

わたしは大学院生としてすこし長めの11年を費やしたのだが、その前期から中期にかけて書いていた論文のジャンルはいずれも、ある一冊の小説を選び、その作品を丁寧に読んで分析するというものだった。たとえば村上春樹の『ねじまき鳥クロニクル』を戦争というテーマで論じます、といったもので、この形式は「**作品論**」と呼ばれる。

この論文形式においては、とりわけ村上の『ねじまき』のような有名作品の場合、過去の『ねじまき』論と村上春樹論をサーベイすれば、それらとの相対的な関係でアカデミックな価値をつくることは容易である――じっさい論文を書き出版するのが容易であるかどうかはさておき、アカデミックな価値をつくるための条件じたいは理論上シンプルだということだ。

わたしはこうした研究スタイルに満足していた。作品論は特定の作品をくまなく読み、その一語一句にまでこだわるものなので、それは作品・作家にたいして誠実に向きあうことを意味するように思われたし、基本的に同じような作品を同じような手つきで読んでいる先行研究との対話も、好意的かつ親密なものになることが多かった。**それは、まぎれもなく文学研究であった。**

だが、のちに査読誌への掲載論文が５本、６本と蓄積してゆくにつれて、わたしは作品論というジャンルそのもの、あるいはこの「まぎれもない文学研究」に、すこしずつ疑問を抱きはじめるようになる。

世の中には無数の小説や映画があるわけだから、わたしは理論上、つぎつぎと別の作品を選んでは分析するという作業をくりかえしてゆけば、**無限に論文を書くことができる**に違いなかった。だがそうした論文は、一歩引いて眺めてみれば、「作品をこんなふうに面白く読めますよ」という、すこしばかり気の利いた解釈の提示にすぎない。

わたしはその作業を、たとえば村上の『ねじまき』など、特定の作品については世界トップクラスのクオリティで遂行できるようになったかもしれない。だがそれは、文学研究あるいは人文学には価値があるという、例の前提のもとでしか発生しえない価値なのではないか。

分析が精緻で専門的になればなるほど、その疑問は深まるばかりだった。そんなもの、その作品を論じることに興味をもつ文学研究者以外、いったいどこの誰にどんな貢献をもたらすというのだろう。むろん特定の研究が万人に読まれるなどということはありえないわけだが、それにしても、**これはごく狭い研究者のサークル内でのみ共有されたルールにおいて解釈の巧拙を競うだけの、いわばゲームではないのか。**

——研究はゲームなのだろうか？

アカデミックな価値の創出という手続きには構造上、かならずゲーム的な側面が入り込む。だがここでの論点は、論文執筆が「ゲーム的だと言えるかどうか」ではない。問題は、わたしたちは人文学というゲームの価値を無批判に前提しており、**そのゲームをうまくプレイできることがすなわち研究者である自分の価値の証左であると錯覚しているのではなかろうか**ということなのだ。

研究活動に従事していれば、あなたのまわりは同じゲームのプレイヤーばかりだろうし、その多くは大学組織に所属し、社会的な存在意義を認められている人物ばかりだろう。だがそれはつまり、われわれは**大学という制度に守られているにすぎない**ということではないのか。その既得権益たる権威のうえに、ただ胡座をかいているだけなのではないか。

以上が、わたしが大学院時代の終局で直面した自問だった。なぜ人文学は大学をはじめとする公的機関において保護されていてよいのか——この問いへの納得できる答えが見つけられないかぎり、**わたしはもはや似たような論文を量産することを自分に許すことはできなかった**。わたしは、人文学に価値などないと考える側に、ほとんど立ちつつあったのである。

3．研究と世界をつなぐ

上記の難問に向き合っていた時期にヒントを与えてくれたのが、いわゆる**トップジャーナル**と呼ばれる一群の学術誌だった。ここではわたしのコミットするフィールドのひとつであるアメリカ文学研究のトップジャーナル、*American Literature* 誌を例に話をしよう（ちなみにトップジャーナルの多くはその分野における最古の媒体で、このようにジェネラルなタイトルがついている）。

同誌には、トップジャーナルなどと無縁だった当時のわたしでさえ知っていた、ある顕著な特徴があった。それは、**作品論をほとんど掲載しない**という事実である。それは既出版の論文リストからもあきらかだし、同誌から論文をリジェクトされた知人が受け取ったレターには、「作品論はスコープが小さすぎるので載せない」とはっきり明記されていたことも知っていた。

たしかに作品論は細部の議論に集中するものなので、規模の小さい論文になりがちである。しかし、アメリカ文学研究のジャーナルがアメリカ文学の作品論を受け入れないとは、いったいどういうことなのだろう？

これをジャーナルの、編集者の側から考えてみよう。

あなたが *American Literature* の編集長に就任したとする。この伝統あるトップジャーナルの統括を任されたあなたは、「あの媒体はあいつが編集長の時代にダメになった」などという評判を絶対に買いたくないだろう。そこであなたは、**ジャーナルの価値を「トップ」に保つための条件とはなにか**を、否応なく考えることになるはずだ。

そうなると、「**クオリティの高い論文を載せる**」**などということは最低限の必要条件にすぎない**と、ただちに気がつくことになる。英語圏には各レイヤーに競合ジャーナルがいくつもあり、とくに準トップに控える諸媒体は、ほぼ同程度にクオリティの高い論文を出版しているに決まっているのだから。そうしたジャーナル群のなかで、トップジャーナルが「トップ」にとどまりつづける所以を世に示しつづけるには、いったいどうしたらよいのだろうか。

トップジャーナルに投稿される論文のうち、編集者が「ぜひうちのジャーナルに」と感じる論文とはどのような論文なのか。その指標になるのは、本書でも何度か触れてきた、リーダーシップと被引用可能性の規模である。それはつまり、影響力の問題にほかならない。**トップジャーナルがトップたる所以は、同分野の学者たちにもっとも高頻度で参照される論文を出版しつづける点にある。**トップジャーナルの論文は、まさしく先頭（トップ）を走っているのだ。

じっさいトップジャーナルからの査読コメントを見ると、議論のクオリティについてのコメントは二の次であり——というかクオリティなど高くないとそもそも査読に進まない——、いかに彼らの最大の関心事が、かりにその論文が出版されたとして、**どのような研究者にどのように引用されうるのか**であることがよくわかる。彼らが見ているのは、アカデミックな価値のポテンシャルだ。

では、どのような論文が引用されるのか。

さきに『ねじまき』論は、それがいかに精緻で高度な議論を展開しようとも、どだい読者層はかぎられているのだと書いた。この例なら、せいぜい村上春樹について論文を書こうとする著者までだろう。これが「スコープが小さい」ということのネガティヴな意味である。そのような論文は、**潜在的に見積もっても被引用可能性の範囲がかぎられている。**

いっぽう、*American Literature* 誌に掲載された論文群は、タイトルに小説名が含まれることは皆無ではないが稀である。アメリカ文学研究のジャーナルである以上、アメリカ文学の作品を分析することはほとんど不可避なのであるからして、文中で作品は分析されているわけだ。ということは、**分析される作品のタイトルは、論文タイトルに含める必要がないくらい、重要度が低いとみなされている**ということになる。

ここに重大なヒントがある。作品を分析しているのに、作品名も作家名も論文タイトルに入らない。ということは、そうした論文は、作品を読解することよりも重要な、なにかべつの目的をもっているはずなのだ。つまり、**そこで作品読解は手段であり、最終目的ではない**のではないか——わたしはそう推察した。

これは日本の文学研究ではむしろタブーとされてきた態度である。いわく、作家に、作品に、真摯に向き合わなくてはならない。精読あってこその文学研究である。こうした考えは、いわゆる「文芸批評」と交流・合流しながら発展してきた日本の文学研究の伝統だ。

では、トップジャーナルの議論は文学に不誠実なのだろうか？　そこで、さきの問題に戻ってくる——そもそもその「誠実さ」という価値観は、人文学というゲームの参加者だけが前提する価値観にほかならないのではないかという、あの問題だ。いいかえれば、その誠実さはアカデミズムのルールに対する誠実さなのであって、人文学の外から見れば、それはむしろディシプリンへの妄信的なイデオロギー、あるいは単純な権威主義にすぎないのではないか。

しかし、かりにそうだとして、ではそれ以外の「誠実さ」とはなんなのだろう。文学研究において作品読解の彼方にありうる目的とはなんなのか。いや、もっと視野を拡大して、**人文学の目的**とは、いったいどんなものでありうるのか。それは、なににたいして誠実であるべきなのだろうか。

ふたたび *American Literature* に戻れば、同誌の掲載論文には、もうひとつの著しい特徴があった。**圧倒的に人種についての論文が多い**のである。そうではない論文も、ほとんどが民族、ジェンダー、セクシュアリティ、コロニアリズムといったトピックで占められている。これは、わたしがコミットする他分野のトップジャーナルでも、おおむね同様の観察結果が得られた。

この問題は、自分も人種について書けば即解決するわけではない。なぜそうなのかを理解する必要がある。

なぜなのだろう。もういちど、いま挙げたトピックをよく見てみよう。人種、民族、ジェンダー、セクシュアリティ、ポストコロニアリズム——こうしたトピックに通底する要素はなにか。それは、**この世の中にある不平等や不正義を批判するという目的を共有している**点である。

なぜトップジャーナルはこうしたトピックばかりを選ぶのか。それは、**人文学というものの究極目的のひとつが社会変革だから**だ。それは、人種差別が、性差別が、階級差別が、植民地主義が、支配と抑圧が、つまり**有形無形のありとあらゆる暴力が悪である**と主張し、それを是正するための言説の構築に奉仕しているのである。

人文学の究極目的のひとつは、暴力の否定である。あるいは暴力を肯定するなんらかのロジックなりナラティヴなりを批判することである。たとえば人文学の一領域である文学研究なら、その末端で遂行される作品を面白く鋭くアカデミックに読むという行為は、たとえば——あくまでたとえば——こうした究極目的のひとつに奉仕するのでなくてはならない。

これが、わたしが院生時代の終盤に到達した結論だった。この認識をもってトップジャーナル群をあらためて眺めてみると、それらがいかに**世界をより良くするという究極目的**を共有しているか、それがよくわかる。ちなみに*American Literature*の掲載論文のうち最頻出のトピックが人種であるのは、人種的暴力がアメリカにおける最大の暴力だからにほかならない。

ここから、わたしの執筆スタイルは一変した。アーギュメントはそれまでの論文にくらべて何段階も高度な次元に立てられるようになり、文章の構成も、細部の語彙や構文や引用のスタイルも、すべてが別物になった。この目的のためにはかならずしも研究対象を文学作品に限定する必要はないと気づき、あらゆる言説が分析対象になった。わたしは「文学研究者」を名乗ることをやめた。

それらは、「よりクオリティの高い精緻な論文を書く」といった目標設定のもとで10倍の努力をしても、絶対に到達できなかった地平であった。**つまり上記の根本的な自己批判は、わたしの論文執筆の実力を信じられないほど飛躍させたのである——しかも論文を書くというトレーニングなしに、ただ自問自答に向き合うだけで、それが起こったのだ。**

なぜ、人文学という学問が公的機関において保護・支援されていてよいのか。文学部不要論や、「人文学ってなんの役に立つの？」といった問いにたいして、さまざまな回答を目にする。わたしの回答はシンプルだ。それは**世界から暴力を減らしている**のである。

この結論にたいして、「おまえの論文はそんなことに成功していない」という批判は可能であるだろう。しかし、世界から暴力を減らすことに尽力する言論活動が無価値だという批判は、「人を差別して殺してもよい」という主張と同じくらい、耳を傾ける必要がないようにわたしには思われる。つまり、**暴力を減らすための言論活動の価値が世界から消えることはない。**

人文系の論文が役に立たないと言われるとき、それはどのように世の中の利益になっているのかが見えにくいということなのだろう。たとえば「生活が便利になる」とか、そういったものだ。人文系の学者たちはこのとき、「役に立つ／立たない」という基準そのものを批判することが多い。

だがわたしは、人文学は真正面からこの問いに答えられるのだと思っている。研究が世の中の利益になる方法は、すくなくともふたつある。第一に、世の中を良くすること。第二に、**世の中を悪くなくすること**である。暴力批判は、この後者に奉仕している。フェミニズムも、クィア理論も、ポストコロニアリズムも、人文系のあらゆる活動はそれを目指す点において通底している。

もちろん、これは人文学の価値とはなにかという問いについて、わたしが個人的に到達したひとつの回答例にすぎない。この答えも今後、変化してゆくのかもしれない。これは、たとえ自分が個々の論文執筆においてコミットしているトピックがどんなに小さなものであっても、それは**世界と接続されている**のだと信じるためのひとつの例である。

あなたが取り組んでいる研究の究極目的はなんなのか。なぜあなたは種々のサポートを受けながら、いまその研究に従事していてよいのか。あなたも同じ問いに向き合って、じぶん自身の回答を見つけだしてほしい。その答えは、あなたの研究者人生を、生涯にわたって支えつづける精神的支柱となるだろう。

4．結論

本章では人文系の研究の意義について、あらためて考えた。よりすぐれた研究者へと飛躍してゆくために、そして自分の研究の価値を信じるために、研究を世界と接続した。さきにも述べたように、「世界」というのは大袈裟な話ではない。**わたしたちは、まさしくこの世界のなかに生きながら論文を書いているのだから**。

次章では、研究をこんどは人生という私的な領域に接続することを目指したい。そこで浮上するのは、本書が一貫して軽視してきた問題、すなわち「問い」である。

第10章
研究と人生をつなぐ

1．世界から人生へ

いよいよ最終章となった。

前章では、研究と世界とのリンクについて論じた。それは、自分の研究が巨視的に見ればこの世界における重要な問題の解決をめざす人類規模の努力の一部なのだと自分なりに納得することで、ときにその価値を見失いそうになる目の前のちいさな研究に宿る意義を信じるための、ひとつの方法だった。

それにつづいて本章では、あなたの研究をあなたの人生とリンクさせることを目指したい。それは世界という外側へとむかう志向性とは正反対の、**「わたしという個人の内側に眠る研究へのモチベーションを掘り当てる**ような、そういう作業である。これもまた、ときにその価値を見失いそうになる自分のちいさな研究を信じてやってゆくための、ひとつの方策だ。

アメリカ留学中、ある教員がアカデミック・ライティングのワークショップで、われわれ院生に“Be you”とアドバイスしたことがあった。**「あなた自身になりなさい」**——いかにも個人主義の国であるアメリカらしい考えで、わたしはこれを自分には無縁なアドバイスだと、そのときは感じた。研究はあくまでも仕事であり、プライベートな自分をそこに持ち込む必要はない。

だがその考えは、徐々に変化していった。前章で見たのと同様、論文が自在に書けるようになるにつれて、わたしは、ふと「あれ？　これってなんのためにやってんだっけ？」としばしば感じるようになったのだ。論文は仕事だから特別な理由などなくても書くつもりだし、いくらでも書けるといえば書けるが、わたしの人生はそのように過ぎてゆけばよいのだったろうか？

このような疑念は、やはり無視することもできた。だがそれは、プライベートな自分と研究者としての自分は別物なのだと嘯きながら、結局のところプライベートな自分の存在——というか、自分の**研究人生**を軽視する結果になるのではないだろうか。いやそもそも、わたしは“Be you”というときの「あなた」を、きちんともてているのだろうか？

その頃から、わたしは研究者として生きてゆくことになりそうなひとりの人間としての自分という存在に向き合うことをはじめた。いきなり研究上で「自分になる」ことはできないとしても、「自分」について考え、そして「自分」をみつけることを目指しはじめたのである。

研究と人生のつながりについて考えるにあたって本章では、およそあらゆるアカデミック・ライティング本が重視し、そして本書が切り捨ててきたトピック、すなわち**問い**について、すこし考えてみたいと思っている。

本書ではすでに、**論文に問いは必要ない**と主張した。くりかえせば、問いは、あってもよいし、ある場合が多いし、あると便利だが、それは論文が成立するための必要条件ではない。だから初学者は、問いを立ててそれに答えるというフォーマットが論文であるという通説をたよりに執筆すべきではない。この主張は、本章でも覆らない。

たしかに、論文に問いはかならずしも必要ない。**しかし問いは、研究において絶大なパワーを発揮しうるものでもある**。ただしそれは、目の前の論文を書くために捻りだされるような小手先の「問題意識」や、アーギュメントから逆算されて導きだされるような形式的な疑問文のことではない。ここでは、もっとデカい話がしたいのである。

すでに述べてきたが、とりわけ近年のアカデミック・ライティング本は問いを重視するものが多く、これまで数多のテクニックが紹介されてきた。そのほとんどが、似たり寄ったりのアドバイスを提供している。いわく、大きすぎる問いは避けるべし（スケールダウンせよ）、アクセス可能な資料がある問題を選ぶべし、期限までに自力で答えが出せそうな問いを設定すべし、などなど。

それらは、どれも目先の論文を書くためには役に立つだろう。そして、再三述べてきたように、目先の論文を書くことは非常に重要である。だがこの最終章で考えたいのは、個々の研究成果を完成させるための問いなどというみみっちい話ではない。なんらかの必要に迫られて論文を書かねばならない人間が、それをひとまず達成したあとで、10年、20年、あるいは生涯をかけて追求してゆけるような、**研究への内的なモチベーション**を手に入れることなのだ。そのために、問いについての考察を経由したいのである。

だから本章は、研究のためのよい問いをつくるためのテクニックの紹介ではない。その指南は、以下で紹介する良書にまかせよう。本章では前章につづき、具体的な研究成果の産出にダイレクトに結びつかないかもしれないが、しかしあなたの研究人生を支えつづけるような、**「自分はこの研究をしていて正解なのだ」という根底的な「自信」のようなもの**を手にいれることについて考えることで、本書のメイン となる記述を締めくくることにしたい。

2．研究と問い

似たり寄ったりのアカデミック・スキルの指南書のなかで「問い」という問題にフォーカスした最良の一冊は、トマス・マレイニー＋クリストファー・レイ『研究の出発点』である。原著の副題は *Choosing a Research Project That Matters to You (and the World)*、すなわち『あなたにとって（そして世界にとって）重要な研究プロジェクトをえらぶ』という、まさに本書の「発展編」の内容とシンクロしたものとなっている。

タイトルのとおり同書は、**研究は問いから始まるものである**という認識を打ち出している。それじたいは目新しいものではない（そしてわたしの主張とは異なる）。だが同書がほかの類書とくらべて抜きん出ているのは、初学者の感覚への寄り添いかたにおいてである。そもそも初学者は、どんな問題を選ぶべきなのか以前に、自分がどんな問題を選びたいのかがわからないという段階で困難を抱えているという認識から出発しているのだ。まさにそのとおりである。

多くの指南書は、すでに研究活動にそこそこ精通した読者を想定して書かれている。「研究のやり方を教えてくれる本はこんなにあるのに、あなたがなにを研究したいのかを教えてくれる本がほとんどないのは、いったいどうしたことだろう？」[1] 同書は『研究の出発点』というタイトルで、**初学者のほんとうの第一歩の踏み出しかた**について教えようとしているわけだ。

ではどうすればよいのか。同書の核にあるのは、“self-centered” な問いを見つけよというアドバイスだ。「自己中心的」という意味だが、もちろんそれは自分勝手で傲慢であれという意味ではなく、興味を惹かれるトピックがあるとして、**なぜ自分はそのトピックに惹かれるのか**を自問せよという趣旨である。

この点は重要なのだが、そのまえに “self-centered” ではない問いとはなにかを確認することで、ここでいう「自己中心的」とはどういうことかをもうすこしクリアにしておこう。

やはり問いにフォーカスした『リサーチ・クエスチョンをつくる』という社会科学系の研究者による解説書では、「面白い」研究を行うための最大の障害のひとつは、いわゆる “gap-spotting”、つまり**先行研究の「穴」を埋める**ような「スキマ産業」的プロジェクトを立ててしまうことだと論じられている[2]。「銅でやられたこの実験を鉄でもやってみます」という、いわゆる銅鉄実験もこの一種だ。おそらく、どんな分野でも同様の事態が観察できることだろう。

こういったアカデミック・カルチャーのもとでは、研究（論文）として成立するか否かという判断が先行しすぎるあまり、「先行研究のギャップを埋める」という無難で成功しやすい、しかしながら「つまらない」研究ばかりが生みだされてしまう。つまりそれは既存の知の地図のなかに収まるだけで、その地図

1　Thomas S. Mullaney and Christopher Rea, *Where Research Begins: Choosing a Research Project That Matters to You (and the World)* (Chicago: University of Chicago Press, 2022), 2–3.［トーマス・S・マラニー＋クリストファー・レア『リサーチのはじめかた――「きみの問い」を見つけ、育て、伝える方法』安原和見訳（筑摩書房、2023 年）］

2　Mats Alvesson and Jörgen Sandberg, *Constructing Research Questions: Doing Interesting Research* (Los Angeles: SAGE Publishing, 2013).［M. アルヴェッソン＋J. サンドバーグ『面白くて刺激的な論文のためのリサーチ・クエスチョンの作り方と育て方――論文刊行ゲームを超えて』佐藤郁哉訳（白桃書房、2023 年）］

を書き換えるようなダイナミズム（面白さ）がない。これが、**自己ではなく先行研究を中心として立てられるリサーチ・クエスチョン**だ。

この“gap-spotting”の不毛さを、『研究の出発点』もべつの角度から批判している。人類の知にはギャップなどいくらでもあるわけで、なぜ、ほかならぬあなたが、その特定のギャップを埋めなくてはならないのかという素朴な問いに答えられなくてはならない、そう彼らは説いている。そこで上述した、では**なぜ自分はその特定の対象に惹かれるのか、なぜ自分はその対象がそんなに気になるのか**という自問がキモになるわけだ。

同書が提出するその「自問」のための方法論は、きわめてプラクティカルで有益なものである。だがその詳細については同書を読んでもらうとして――じっさい、ぜひ通読を薦めたい一冊だ――、ここでは彼らの前提をさらに批判的に検討することで、べつの回路を提案してみたい。

あまり知識のない学部生でも、あるいは専門知識の豊富なベテランの大学教員でも、そしてわたし自身の経験をふりかえってもそうなのだが、わたしたちの多くは、**とくにこれといった必然性もなく研究テーマを選択してしまう**ものである。個々の論文のためのトピックはおろか、大学の学部だって、研究室だって、つねに「自分はこれだ！」と確信をもって選ぶことができるわけではない。そういう幸福なひとは稀である。

もちろん、その程度には個人差がある。あなたがすでに現在なんらかのトピックにコミットしているとして、そのトピックとあなたのつながりは、たとえば「たまたま授業で扱われていたから」といったものから、セクシュアル・マイノリティの当事者でクィア・スタディーズにコミットしているといったアイデンティティにかかわる必然性の高いものまで、さまざまであるだろう。

後者は、個人的な人生の問題と研究トピックが明示的に連続しているケースだ。このようなケースは、研究の継続的な遂行という目的に絞っていえば、とても強力である。なぜか。それは、あなたはすでに**研究を遂行するための内的なモチベーションと目的意識**をもっているからだ。あなたにとっての研究の究極目的は、おそらく一生ブレることがないだろう。それは、この場合、セクシュアリティにまつわる差別を批判し、それを撲滅することである。

このタイプではすでに、**世界と研究と人生がうまくリンクしている**。そもそも世界のなかに生きる自分の人生の問題から派生して研究の問題が発生しているのだから当然だ。その場合、自分がすでに持っている興味を磨いてゆくためのプラクティスを提供する『研究の出発点』は、とても役に立ってくれるだろう。

問題は、なんとなく選んでなんとなくやっているというケースである。わたしもこのタイプだ。そもそも出逢いとは偶然的なものであり、「なんとなく選ぶ」ことじたいが悪いわけではもちろんない。だがこういったケースでは、なんとなく選んでしまった対象のトピックの側から「わたし」との関係を掘り下げようとしても、なにも見つからないことが多い。つまり、「なぜ自分はこれに興味があるのか」と自問したところで、「**なんか授業で聞いたことあったから**」程度の貧しい答えしか得られないのだ。

これを書いているわたしは、すでに研究と人生をつなぐ回路を手にしているわけだが、いまふりかえっても、自分では当時「興味がある」と思っていたトピックを深掘りすることによってそうした回路を手に入れることは、おそらく不可能だったように思われる。

そのような観点から『研究の出発点』という指南書を読むと、この著者たちは、**あなたのその興味はリッチなものである**という前提に立ちすぎているように思われる。これは、冒頭で述べた“Be you”という激励に乗れるか乗れないかという問題に、とてもよく似た問題だ。これが日本とアメリカの差異なのかどうかわからないが、ともかくわたしは、自分の経験からも、あるいは指導の場においても、“Be you”的なアドバイスがそのままうまく機能して論文執筆の役に立ったためしがない。

ではどうすればよいのか。トピックを掘っていって人生へとつなぐのではなく、**人生のほうからトピックを眺める**のである。あなたの「興味」は薄っぺらいかもしれないが、あなたの人生のほうは、それなりに豊かであるはずなのだ。

3．研究と人生をつなぐ

いやいや、興味もそうだけど、自分の人生だって薄っぺらいもんっすよ……そう思ったかもしれない。だがそれは、**人生のゆたかな読みかた**を知らないだけである。わたしもかつて自己流で研究のために人生のふりかえりを実践していたのだが、ここでは、よりメソッドとして洗練されたツールを紹介しよう。

千葉雅也は『勉強の哲学』において、「**欲望年表**」なる自分史の作成を薦めている。何歳のときになににハマったか、どんな私的な事件があったか、そして、その裏では社会でどのようなことが起こっていたか。そのようなことを年度別に思いつくまま書き出して、自分の人生を客観的に分析するのだ。精神分析がベースにある千葉にとって重要なのは、人生をふりかえることで自分の「享楽的なこだわり」を発見することにある。

千葉はみずからの欲望年表を披露し、その内容に高度なテクスト分析を施したうえで、そこから「多様性」「複数性」「マイナー性」といった抽象概念を抽出してみせる。いわく、年表作成の目的は、こうした「**人生のコンセプト」となるキーワード**を見つけだすことにあるが、ただしそれは自然と見つかるわけではなく、「無理にでもわざと考え出す」必要があるのだと千葉は主張する[3]。

つまりこの作業の主眼は、過去をふりかえることで人生とリンクしたテーマを見つけ、それをそのまま研究対象とすること――ではなくて、**年表をネタにして現在の研究内容と自分の人生とのリンクを人工的につくること**にある。それはつまり、研究者として生きつつある自分についての物語を創作することで、そこに一種の必然性を見いだす作業にほかならない。なんとなく選んでやってきたものに、あとから必然性を与えるのだ。

これが「人生の読みかた」と書いたことの意味である。誰でも、なんか一時期やたらとハマっていたものとか、心に残っているエピソードとか、それくらいの記憶はあるはずだ。それをただちに研究対象と接続できたり、あるいはそこから「人生のコンセプト」を抽出したりできるかどうかはさておき――じっさ

3　千葉雅也『勉強の哲学――来たるべきバカのために』（文藝春秋、2017年）、157頁。

い千葉がデモンストレートする読解と抽象化はかなり専門的な能力を要求するものだ――、それらをあらためて見つめなおすことは、最初の準備として重要である。

なぜこれが準備として重要なのか。それは、とにもかくにも、**だれに要求されたわけでもないのに好きだったり重要だったりするものは間違いなく自分の人生とつながったなにかであるという手応えが得られるから**だ。興味の「リンク先」について考えるまえに、まずは確実な「リンク元」をいくつか手に入れておくわけである。

わたしも指導の現場でこの年表作成を薦めてきたが、この作業には、いくつかコツがある。

まず、現在の自分から見て自分の人生にとって重要だと思われるものばかりをセレクトしないことである。たとえば「昔から読書が好きだったから文学を研究する」といったリンクは自明すぎて、あまり意味がない。この作業の主眼は、あらためて過去を精査することで、いわば**他者としての自分と出会う**ことにある。だから、たとえば昔の自分を知る親や友人などから自分がどう見えていたか聞くなどして、ちょっと居心地の悪い思いをするくらいがちょうどいい。

もうひとつは、**注目すべきは「好きなもの」ばかりではない**ということである。なぜかものすごく嫌いだったものとか、やたらと腹が立った出来事とか、自分がそれを目にするとなぜか文句を言わなくては気が済まない物事とか、そういった要素も貴重な参考資料となる。

ひとつ例としてわたしの経験を紹介しておこう。わたしはもっともストイックに研究に打ち込んでいたとき、そのメンタリティをなるべく長期間にわたってキープするための予防策を求めていた。そこでのわたしの狙いのひとつは「**過去に自分がもっともパワーを発揮できたときの条件**」を洗いなおし、それをどうにかして研究において再現することだった[4]。

そして分析の結果わかったのは、そのひとつは、なんだか恥ずかしい話だが、**自分は調子に乗った権力者に反撃する場面でもっともパワーを発揮できるらし**

い、というものだった（笑）。じっさいわたしは幼稚園児のころからすでに「先生」と対立し、立場や年齢が上であるというだけの理由で威張っている者にケンカを売らずにはいられない性分だったのである。

こんな発見がどう役立ったのかというと、すでに戦争小説や戦争映画について何本も論文を書いていたわたしは、これを権力批判、とりわけ国家による戦争行為と、戦争を正当化する言説の批判という研究テーマへと昇華したのだった。さらに、分析のスタンスとして「この作品はこういう理由で素晴らしい」と褒めるのではなく、軍事面において保守的な作家・作品を**批判することで建設的な議論を提示する**というスタイルにシフトした。

これは自然に起こったシフトではなく、反骨精神のようなスピリットが自分のパワーの源泉であることを発見した結果として、それを外部コンサルとしての自分が研究者としての自分に「おまえ批判するスタイルのほうが合ってると思うよ」とアドバイスとして与えるようなかたちで、意識的に引き起こしたシフトだった。これは**自分の気質と研究スタイルのマッチングの問題**であり、狭義の研究能力をいくら高めても得られなかったはずの成長である。

人生を方法的にふりかえると、こうして**自分の向き不向きをあらためて見つめなおす**ことができる。そこでの発見に固執する必要はないが、自分の意外な側面に素直になることは重要だ。もしかしたらその他者としての自分が、あなたに思わぬ "Be you" のためのヒントを与えてくれるかもしれない。

4．ふたたび、アーギュメントへ

最終的に上記の問題は、本書の核となるキーワード、すなわち**アーギュメント**へと回帰することになる。

4　わたしがこの時期に参考にしていたのは、おもにアスリートの意見だった。研究者としてのわたしが、いまだにもっとも優れたアカデミック・ライティングの教科書に劣らず影響を受けたと思うのは、トップのチェス・プレイヤーから転身して太極拳の推手のチャンピオンになったジョシュ・ウェイツキンである。Josh Waitzkin, *The Art of Learning: An Inner Journey to Optimal Performance* (Free Press, 2008).［ジョシュ・ウェイツキン『習得への情熱――チェスから武術へ――上達するための、僕の意識的学習法』吉田俊太郎訳（みすず書房、2015年）］

上野千鶴子は『情報生産者になる』において、やはり問いは研究においていちばん最初に立てられるべきものだとして、問いを最重視している。だが、「問いを立てることは、いちばん難しいかもしれません」という。ではどうすればよいのか。そのヒントとして上野は、**「問いを立てるのは、「バカヤローを言いたい相手」がいるから**」だと述べる[5]。

「バカヤロー」とはすなわち抗議であり、上野の核にあるのはフェミニズムであるから、彼女がこのように説明するのは理解可能なことであるだろう。たとえば性差別主義者にバカヤローと言いたいわけだ。これはわたしの事例とよく似ているが、ここでは「バカヤローと言いたい」について、もうすこし考えてみたい。

「バカヤロー」と言いたい、とはどういうことか。それはつまり、怒っているということである。それは研究や問い以前に、あなたが抱いている感情のエネルギーだ。ここで上野が言っていることを敷衍すれば、つまり、**あなたの内的なモチベーションと接続されたリサーチ・クエスチョンをつくりなさい**ということにほかならない。「バカヤロー」のほうではなく、「言いたい」のほうこそが重要なのだ。

——はたして、あなたは研究者として論文でなにを「**言いたい**」だろうか？

もちろん論文で「バカヤロー」とは書かないわけで、論文ではその怒りなりなんなりを、学術的な手続きを踏んでアーギュメントとして提示することになる。論文とはアーギュメントを提出してそれを論証する場であり、そのアーギュメントとは、自明ではないテーゼなのだった。ということは、**論文を書くとは、世の中になんらかの新しい主張をもたらし、それを説得的に論証することで、人びとの考えを変えようとする行為にほかならない。**

そこそこ論文が書けるようになり、「ともかく書けるものを書かねばならない」という切羽詰まった状況を抜けると、なにを書き、なにを書かないか選択できる余地がうまれる。だが、これは「余裕」であるばかりではない。**「なぜ、ほ**

5　上野千鶴子『情報生産者になる』（ちくま新書、2018年）、36、104頁。

かならぬ自分が、その特定のアーギュメントを提出し、人びとの考えをそちらの方向へ導こうとするのか」という問いに直面させられることでもあるからだ。

このような意味で、**人文学とは本質的にポリティカルな営為である**。論文は、あなたが「言いたい」かどうかにかかわらず、なにかを言ってしまうことになる場なのだ。自分はなにを「言いたい」のか、どんなことを主張する研究者として生きてゆきたいのか。それは、目先の論文を書くためのリサーチ・クエスチョンなどよりも、何倍も重要な「問い」であるように思われる。

その次元は、見て見ぬふりをすることもできる。だが、その問いは、たとえば研究倫理といった外的な要請に応えるためなどではなく、ほかならぬあなた自身が「**自分はこの研究をやっていて正解なのだ**」という手応えをもって研究を継続してゆくために、ぜひ向き合うべき問いなのだ。

研究と人生をつなぐ――それは、**なぜ自分はその論文を書くのか**という、誰からも尋ねられることのない問いに、ほかならぬ研究者としての自分のために、答えようとしつづける作業にほかならない。

5．結論

研究者になるには、大学院で短くとも5年、長ければ10年以上を過ごすというキャリアを歩むことになる。しかも最終的に論文が書けるようになるという保証もなければ、書けるようになったとしても就職できるという保証など、どこにもない。日本も、日本の大学も、アカデミア全体も、どこからどうみても将来が明るいとは思えない。

とりわけ、大学院生に生活に十分な給与が支払われず（それゆえに）「社会人」とみなされない――というかいくつになっても「社会」に出ないダメ人間とみなされる――、そして博士号の取得後に一般企業などに就職するというキャリアの選択肢もまだ一般化していない日本のような研究後進国においてこの院生時代は、金銭面にかぎらず、およそあらゆる面でキツい年月になる。

それでも研究者を志そうという者にとって、もっとも厳しい条件のひとつは、この長い修行期間を生き抜くということ、つまりシンプルに、**何年もやめないでやりつづける**ということである。途中でやめてしまえば能力にかかわらず研究者になることは不可能なわけだが――研究者志望の何割が消極的な理由でやめてしまうことか――、それがいちばん難しい。

だからこそ、わたしたちには、**研究を長くつづけられるための予防的な工夫**がいくつも必要だ。そのために本書では、「原理編」と「実践編」で論文が書けるようになる「まで」と、この「発展編」で論文が書けるようになった「あと」の問題を扱った。

本書では「ルール」にこだわったが、それは書けるようになるための方法論にすぎない。論文や研究書には、たしかにルールがある。守ることに慣れないうち、それはあなたの執筆を縛る枷に感じられることもあるだろう。

だが**論文は、いちど自在に書けるようになってしまえば、おどろくほど自由である**。あなたはそこで、なにをやったっていい。これはあながち極論ではない。論文のルールは時間をかけて変遷してゆくわけで、その変遷のパイオニアになるのがあなたであってはいけない理由など、どこにもないのだから。

論文を書くのは、ほんとうに楽しい。わたしにとって論文執筆は仕事であると同時に、もっともエキサイティングな遊びである。そう感じられるのは、わたしが優秀だからではなく、**アカデミック・ライティングを身につけているから**にすぎない。そしてそれは、あなたにも学習可能な技術である。

本書によって多くの論文執筆者が最速で「研究」の入り口に到達し、その結果として人文学全体が発展することを願っている。

0．演習編について

さいごに問題集を用意した。

これまでも必要に応じて問題を解いてもらってきたが、それらは演習の量としては、もちろん不十分なものである。それを多少なりとも補うのがこの「演習編」ではあるが、とはいえ、やはりここに用意したドリルさえこなせば十分というわけでもない。

そもそも論文執筆の鍛錬には終わりがないのだから、「これで十分」という基準はどこにもない。以下の問題集は、十分な量を確保するためのものではなく、**独力で執筆・読解の勉強を継続してゆくためのヒント集**のようなものだと捉えてもらいたい。

ここまでは、なるべく外部の文章を使わず、『アンパンマン』についてなど、わたしの即席ネタを使ってきた。この演習編で用意した引用は、確実に信頼できる媒体に掲載された、すぐれた研究者によって書かれたものばかりだ。一挙にレベルが上がるが、なんとかついてきてほしい。

ただし、読者のみなさんは、以下のドリルで方法論を学んだら、それを一流の学術論文だけでなく、友人や自分のレポート、優秀な先輩の論文、そして指導教員の著書など、**さまざまなレベルやジャンルの文章に応用してみてもらいたい。**

最終的に、われわれは匿名の文章を読んで、それがどのくらいの出来であるか自分で判断できるようになる必要がある。一流の書き手による文章を正確に読めるようになることと同時に、未熟な文章のどこがどう未熟なのかを言語化して指摘できるようになることが、研究者には求められるのだ。そのためのヒントも、以下では可能なかぎり含めた。

以下、太字を使うと答えを見ずに解こうとするときに邪魔になりそうなので、ここからは使わないことにする。では始めよう。

1．トピックからアーギュメントをつくる

まずはアンパンマンの例を使って、軽く以下の問題をやってみよう。本書の本文では男性性というトピックで例を示したが、そのことを念頭にやってみてほしい。

演習１：アンパンマンの女性性というトピックでアーギュメントをつくれ。

本書の序盤ではデモンストレーションとして「アンパンマンが行使する暴力は男性的なものである」といういささか大仰なテーゼをつくったので、ここでは逆に単純な答えを出してみよう。たとえば――「アンパンマンは女性的なキャラクターである」。これはごくシンプルで小規模だが、本格的な論文を書く場面でも使える立派なパラグラフ・テーゼになる。

もし『アンパンマン』におけるジェンダーについて論文を書いていて、アンパンマンの男性性についてのパラグラフも書くのなら、たとえば女性性についてのパラグラフは男性性と対比するかたちで、「アンパンマンは男性でありながら、女性的な側面も持ち合わせたキャラクターである」といった書き出しになる可能性も高いだろう。

もちろんあなたの考え次第では、「アンパンマンは女性性と無縁である」、「アンパンマンは女性性を軽視している」などのアーギュメントもありうるだろう。ともかく、一定程度の論証を要求するようなテーゼになっていればOKだ。

つづけて、もうひとつ軽い問題を。

演習２：アンパンマンの女性性というトピックでメモをつくれ。

アンパンマンはばいきんまんをバトルで倒すというパワフルな側面だけでなく、困ったひとを助けること、とりわけお腹を空かせたひとに食料を配布するという仕事も担っている――むしろ最初期の作品では、それが彼の本来の使命だった。アンパンマンが作中で果たす役割は、警察と看護である（このセンテンスもパラグラフ・テーゼたりうる）。

暴力イコール男性性なのか、という疑問があったのと同様に、看護イコール女性的なのかという疑問も浮かぶわけだが、ともあれ、アンパンマンの女性性を考えるにあたって、彼の看護精神のようなものを核に据えて論じてゆくことは可能だろう。

では、簡単にメモをつくってみよう。ざっくりと男性性についてのメモとの対照性を意識してみたので、52ページと見比べてみてほしい。

- アンパンマンの女性性
  - アンパンマンの主な活動は困った人のヘルプである
    - アンパンマンは基本的には平和的なキャラクター
    - 彼は（ばいきんまん案件でさえ）可能ならば暴力によらない解決を目指す
      - 平和的／非暴力的＝女性的と言えるのか？
      - 暴力＝男性的、平和＝女性的という対比は可能か？
  - アンパンマン本来の役割はお腹を空かせたひとに食糧を配布すること
    - 顔を食べさせるという自己犠牲の精神
      - これは発表当時グロテスクだとして批判された
    - アンパンマンのパトロールと看護
      - 看護とは女性的なものか？
      - 警察・監視と権力
  - アンパンマンと「弱さ」
    - ▼ 顔が欠けると肉体的な強さが損なわれる
      - アンパンマンにおける男性性と女性性の関係？
      - 「弱さ」は女性的か？
        - メロンパンナやロールパンナとの対比

つづいて、例によって――

> 演習３：メモを用いて、アンパンマンの女性性について演習１よりも高級なアーギュメントをつくれ。

まずは男性性についてのテーゼ「アンパンマンが行使する暴力は男性的なものである」と同じ感覚でつくってみよう。このメモの全体を使えそうなテーゼをつくるなら、たとえば「弱者を救済するアンパンマンの看護精神は女性的なものである」といったものになりそうだ。こうなるとアンパンマン自身の「弱さ」については書けなくなりそうだが、そういうときは「アンパンマンの弱さ」でべつのパラグラフを立てられないか、と考えてみるとよい（無理につくる必要はないが）。

だがここでは、もう一歩すすんでみたい。ここに出てきていないキーワードであり、ここにある全要素を包含し、かつアカデミックな「会話」に接続しうるものとして、「ケア」というタームがある。

ここでこのキーワードを捻り出すことができるのは、わたしの研究者としての背景知識によっており、なかばチートであるのだが、アカデミックな「会話」に精通しているとは、このように圧縮されたキーワードひとつで関心領域を明示できるということである。この規模のキーワードであれば、「アンパンマンとケアの問題」というタイトルでセクションを立てることもできそうだ。

これを用いてテーゼを書きなおせば――「アンパンマンのケア精神は女性的なものである」。

ちなみに、上記のメモですでに300字を超えている。これを300字のパラグラフにする練習も、もっとファクトを盛り込んで長いパラグラフにする練習もやってみてほしい。それについては、リサーチに使えそうな問いだけヒントとして列挙しておこう――

アンパンマンがはじめて自分の顔を食べさせたのはいつか？　アンパンマンがばいきんまんに暴力を振るわずに問題を解決した重要な例は？　アンパンチとメロンパンナの非暴力的なパンチとの関係は？　勇気＝アンパンマン、愛＝メロンパンナという役割分担がジェンダー化されていることの意味は？　アンパンマンがおっさんではなく二等身の「かわいい」キャラクターになったタイミングは？　それがもたらしたジェンダー的な効果は？

ではウォーミングアップはこのくらいにして、ガチ論文を読んでみよう。

演習４：以下のパラグラフを解析せよ。

①［アメリカ合衆国の軍事史において］人道主義は一般的にクリントン政権によるソマリア、ボスニア、コソヴォなどにおける軍事行動と結びつけられているが、それはジョージ・H・W・ブッシュの戦った湾岸戦争をも強力に規定したアイディアであった。②テレビ中継や石油との関連で記憶されがちな湾岸戦争であるが、それは以後アメリカが十年にわたって戦うことになる人道主義的な戦争行為の礎を築いたのである。③ポスト冷戦期の戦争を人道主義によって正当化するにあたり、米国はベトナム戦争についての物語を書き換える必要があった。④クウェート解放を宣言した数日後、保守的なアメリカ立法交流評議会の集会にて、ブッシュは米国率いる多国籍軍が湾岸戦争に勝利したことがもつ大局的な意義について語っている。⑤会場に集まった州議会議員たちに、「いやはや、これでベトナム・シンドロームを完全に蹴飛ばしたことになりますな」と述べたのだ。⑥その十年前にロナルド・レーガンが下した診断であるベトナム・シンドロームとは、ベトナム戦争以後アメリカ人が軍事介入に消極的になってしまったこと、そしてアメリカ人が東南アジアにおける「帝国主義的な支配を目論む侵略者」であったという（レーガンによれば）誤った考えが広まったことを指している。⑦この物語の修正をレーガンは訴えた――ベトナム戦争はむしろ「植民地支配から解放されたばかりの小国が自治と自衛の手段を確立し、支配を目論む全体主義的な近隣国から身を守るにあたってわれわれの助けを求めた」がゆえに戦われた「高潔な大義」として記憶されねばならない。⑧米国が世界の善良なる一員へと返り咲くには、ベトナム戦争の文化的な物語を書き換えねばならない、レーガンはそう主張したのである。⑨ベトナム・シンドロームを「蹴飛ばした」と宣言したとき、ブッシュもまた同じことを言っていた。⑩すなわち、彼もやはりベトナム・シンドロームを蹴飛ばすとは**ベトナム・シンドロームという物語を蹴飛ばすこと**であると認識していたのである。⑪メディアやカルチャーにおいて語られるベトナム戦争についての物語は、アメリカ人による自国の軍事行動の理解に甚大な影響を及ぼした。⑫レーガンにつづきブッシュもまたその物語を修正することにより、植民地主義的・人種差別主義的な支配から諸国を守るリベラルな人道主義の擁護者として米国の権威を回復せねばならないと考えたのである。

Joseph Darda, "Kicking the Vietnam Syndrome Narrative: Human Rights, the Nayirah Testimony, and the Gulf War," *American Quarterly* 69, no. 1 (2017): 71–72.

2．パラグラフを解析する

アメリカ研究のトップジャーナル論文から採ったパラグラフである。ひとまず、オーソドックスなパラグラフ解析をやってゆこう。

まず基本データを取ろう。このパラグラフは約1000字で、12のセンテンスからなり、センテンスの字数の平均はおよそ80字、最短と最長で50から140くらいの幅がある。このくらい長いパラグラフでも、センテンスの数はこんなものなのだ。

① パラグラフ・テーゼの提示。一般論と対比して、簡単にテーゼの価値も提示。このテーゼをパラフレーズすれば、「人道主義は湾岸戦争においても重要なアイディアだった」となる。第1章の内容を思い出そう――これは「重要だ」と言っているだけで、弱いテーゼである。

② 湾岸戦争というトピックについての補足説明と、パラグラフ・テーゼの言い換え。この言い換えでテーゼは「アメリカの軍事史において人道主義は（クリントン政権ではなく、それよりもまえの）ブッシュ政権下の湾岸戦争から始まった」と一挙に強化される。きわめて模範的なパラグラフ・テーゼのパラフレーズだ。

③ アメリカの軍事行動の正当化において、人道主義という言説が現れた歴史的な理由説明の開始。「ベトナム戦争についての物語」というトピックの導入。ちなみにここでいう「物語 narrative」とは、ベトナム戦争という歴史をどのように総括して記憶するかということであって、フィクションであることを自称する小説などを指すわけではない。

④ つぎの引用の背景説明（ファクト）。クウェートの解放とは、湾岸戦争の勝利を意味している。

⑤　引用。ほぼ純粋なレベル１の記述。

⑥　引用を用いたベトナム・シンドロームという用語の説明。レベル１から２。

⑦　引用と観察あるいは解釈。著者のいう「物語の書き換え」が、ようは「ベトナム戦争は悪い戦争だったと思われているので良い戦争だったことにしてゆこう」という内容であることがわかる。

⑧　直前の引用のパラフレーズと解釈。レーガンが問題にしているのは歴史そのものの客観的な意味ではなく、それをどう語るかなのだ、として一段抽象的な認識によっていいかえている。⑦と⑧は、④から提示されてきたファクトの解釈になっており、あわせてレベル３という感じだ。

⑨　⑥⑦⑧（レーガン）と⑤（ブッシュ）の再接続。⑥から３センテンス使ってレーガンとベトナム戦争について述べたのは、ブッシュの「蹴飛ばす」の含意を説明するための記述であったことがここで明確になる。

⑩　⑨の説明（どう「同じ」なのか）と、⑥⑦⑧を踏まえた⑤の解釈。

⑪　③〜⑩についてのコメント。そもそも歴史は物語として継承されるほかないので、「ベトナム戦争は良い戦争だったのだ」と語ることでアメリカ人は戦争をポジティヴに捉えることができる。これがパラグラフ・テーゼの反復にむけて抽象度を上げるための、レベル４のセンテンスだ。

⑫　パラグラフ・テーゼの反復。「湾岸戦争は人道主義的な戦争だったのだとブッシュは主張したが（①の反復)、彼はレーガンと同じくベトナム戦争にかんする物語を修正することでそれを説得しようとし、成功したのだ」という①よりも詳しい説明になっている。パラグラフ冒頭でここまで丁寧に説明してしまうと、むしろわかりにくくなることにも注意。

つぎの問題もまた短い論文から。こんどは論文の冒頭部分であり、最初のパラグラフがアーギュメント・パラグラフであるパターンだ。

演習5：以下のパラグラフを解析せよ。

①「アメリカに帰ってから毎日毎晩、ベトナム戦争が頭から離れなかった」、元海軍のデイヴィッド・Eはそう証言した。②「でもいま、こうしてベトナムに来てみると、アメリカとの戦争は40年前に終わっていて、とても平穏な気分だね」。③デイヴィッド・Eは、戦後にベトナムを再訪した何千人ものアメリカ人帰還兵のひとりである。④彼が語る「癒しの旅」というストーリーは、多くの帰還兵たちがベトナム再訪について語ってきたものと同じだ。⑤本稿は、独自インタビューならびに1980年代初頭から2010年代半ばにかけてメディアが取材してきた帰還兵の再訪についての調査にもとづき、「ベトナムで回復する」という物語が米国の帰還兵のあいだでどのように、なぜ現れ、そして語られ続けてきたのかを明らかにする。⑥帰還兵のベトナム再訪が始まったのは、アメリカ国内におけるベトナム戦争記念碑建立のプロジェクトと心的外傷後ストレス障害（PTSD）の臨床的な承認と時期的に重なっており、癒しの旅は当初からアメリカの戦争とトラウマについての議論から強く影響を受けていた。[…] ⑦アメリカとベトナムの国交が正常化してゆくにつれ、癒しの旅の目的は内向化し、戦争責任や賠償問題よりもアメリカ人帰還兵のトラウマのほうが重視されるようになっていった。⑧倫理的な自責の念とは無関係にベトナムを再訪する帰還兵がどんどん増え、「ベトナムに許してもらう」という考えの限界があらわになった。⑨最終的に、ベトナムで癒されるという物語は、アメリカがみずからを犠牲者と見做し、戦争の倫理的な責任を十分に果たすことを回避するためのナラティヴとなったのである。

Mia Martin Hobbs, “Healing Journeys: Veterans, Trauma, and the Return to Vietnam,” *Journal of American History* 110, issue 1 (2023): 82–83.

こんどはセンテンス単位にこだわらず、あっさりめにやってみよう。

まず①と②は見てのとおりセットの引用である。最初のセンテンスを引用で開始するのは、イントロダクションの章で見たように、どちらかといえば読者を驚かせるタイプの冒頭だ。これはもちろん、パラグラフ・テーゼとみなすことはできない。

③と④もセットになっていて、いずれも引用へのコメントになっている。これをレベル2と見ても3と見てもよいのだが、注目してほしいのは、⑤で「本稿は……」となっていて論文の本題に入っていることである。①と②はレベル1だから、③と④はそこから「本稿は……」への繋ぎの役割を果たしているセンテンスであるわけだ。

⑤はアーギュメントが出てきそうな雰囲気だが、センテンスの前半部分に書かれているのは方法論であり、後半にある「ベトナムで回復する」という物語が現れたという指摘そのものはすでに常識の範囲内といった感じの書きぶりで、この論文が提出するアーギュメントではなさそうだ。⑥は著者のいう「物語」の出現の時代的背景の説明である。

読みすすんでゆくと、⑨でアーギュメント・センテンスが現れる。ベトナムで癒されるという（周知の）物語は、第一にアメリカがみずからを犠牲者とみなし、第二に戦争責任を回避するための道具になった、というのが、この著者のアーギュメントだ。これで⑤の「ベトナムで回復するという物語が現れた」が最終的なアーギュメントではなく、この著者のアーギュメントは、その物語がなにをしたのかという点にあったことがわかる。

つづいてジャーナル論文ではなく、研究書のイントロダクションからアーギュメント・パラグラフを読んでみよう。いささかムズめの内容ではあるが、各要素が完璧に配置された、理想的なアーギュメント・パラグラフである。

演習6：以下のパラグラフを解析せよ。

①われわれは、歴史上類を見ないこんにちの抑留と排除のシステムの根源を、ハイチとキューバからの避難民の流入を抑止する目的でジミー・カーター政権ならびにロナルド・レーガン政権が1970年代後半から80年代前半にかけて確立した政策・慣習へと遡る。②われわれの核となるアーギュメントは、カリブ海からの移住に対する冷戦アメリカの反応がこんにちにおける移住者の拘留と国境での抑止の仕組みを確立したというものである。③［国内での］拘留と国境での抑止とが絡み合うようになったのは、あきらかに人種にもとづいて定められた保護政策についての闘争の結果である

ということだ。④つまり、入国を阻止するための諸政策が、すでに領土内に到達してしまった望まれざる避難民を排斥するための諸政策と結びついたということである。⑤われわれの辿る歴史が示すものはまた同時に、アメリカの国内外における諸政策において黒人差別ならびに冷戦期の地政学が果たした中心的な役割である。⑥本書が示すのは、いかに黒人とアジア人とラテン系への人種差別がアメリカ合衆国による移民政策・牢獄・強制送還の暴力とその地理的な広がりを見えにくくしたかということである。

Jenna M. Loyd and Alison Mountz, *Boats, Borders, and Bases: Race, the Cold War, and the Rise of Migration Detention in the United States* (Oakland, CA: University of California Press, 2018), 4.

これは典型的なアーギュメント・パラグラフである。ほとんどすべてのセンテンスがアーギュメントのような内容をもち、互いに補完しあってひとつのプロジェクトを詳述している。

①は方法論の説明だが、ここに書いてある「ハイチとキューバ」とは②の「カリブ海」の具体例であり、また70-80年代のカーター＋レーガン政権は②の「冷戦アメリカ」に対応するということが遡及的に判明するので、じっさいは②の詳述になっている（②は①の内容をパラフレーズし、圧縮している）。

③と④は、②だけでは明確に伝わらないであろう箇所のパラフレーズである。②で「移住者の拘留」と「国境での抑止」という２つの要素が出てくるが、これらはそれぞれ拘留＝「すでに入国してしまった者に対する政策」と、抑止＝「入国を試みる者に対する水際対策」に対応しており、本来これら２つは別物なのだが、それらが渾然一体となったという話であったことが③と④で判明する。これがアーギュメントの詳述ということだ。

⑤と⑥は人種というトピックにフォーカスしている。これは新要素であるように見えるが、じつのところ②にある「カリブ海」という言葉の具体的な説明になっている。カリブ、ハイチ、キューバは地域や国家だけでなく人種の問題なのであり、ようはアメリカにおいて移民・難民政策の問題は人種差別の問題なのだということが、⑤と⑥であきらかになる。

こうして見てみると、やはり「われわれの核となるアーギュメントは」と明言している②こそがアーギュメント・センテンスなのだ。この一文だけでこの研究書のすべてを把握できるわけではないが、それでもこのセンテンスにはアーギュメントの全要素が凝縮されている。プロジェクトを一文に濃縮するとは、このようなことだ。

3．アブストラクトを解析する

つづいて、論文のアブストからアーギュメントを抽出する練習をしてみよう。

演習７：以下の論文のアブストラクトからアーギュメントを抽出し、全体の内容をふまえてパラフレーズせよ。

①朝鮮戦争におけるアメリカの人種的ポリティクスは、本稿が「アフロ・アジアの敵対関係」と呼ぶもの、すなわちアフリカ系アメリカ人とアジア人（そしてアジア系アメリカ人）との人種的対立を生みだした。② 1948 年、すなわち朝鮮戦争勃発の２年前、トルーマン政権が大統領令 9981 を発令し軍部における人種差別の撤廃を宣言したとき、それは人種的平等への大きな一歩であるように思われた。③しかし、この「リベラル」化された組織に従軍した黒人たちは、アジアにおいて戦争を繰り広げていたアメリカという国家の暴力の担い手として戦略的に利用された――とりわけアメリカから輸入された人種差別を内面化しつつあったアジア人には、そのように映ったのである。④第二次世界大戦後の反植民地主義と公民権運動の高まりのなか、この大統領令は、朝鮮戦争の黒人帰還兵たちをアフロ・アジアの連帯を挫くための道具とし、それと同時にアメリカは人種差別を終わらせたのだと世界中に宣伝することに成功した。⑤朝鮮戦争は、21 世紀までつづく冷戦アメリカの人種政策の礎を築いたのである。

Kodai Abe, “Afro-Asian Antagonism and the Long Korean War,” *American Literature* 95, no. 4 (2023): 701.

まずアーギュメント・センテンスをひとつ選べと言われたら、これは①を選ぶのが最適だろう。ここだけ読んでパラフレーズすれば、「アメリカの人種政策は朝鮮戦争を介してアフロとアジアの対立を生み出した」、などと簡潔にまとめることができる。第一文を読むだけで引用しようと思えばできるわけだ。

②は「1948年、」としてトルーマン政権の具体的な話に移行している。これはアーギュメント・センテンスの直後でそれをパラフレーズせず、レベル5からレベル1にガクッと落ちて、まるで文章の冒頭を開始するかのようにアーギュメントの説明をし始めるタイプの第2文の典型である。③は②の一般論を「しかし」でうけて、ようはその一般論は間違いであると述べている（アカデミックな価値）。

④は、②と③の説明をうけて、①のアーギュメントがどういうことだったのか詳述するセンテンスになっている。⑤もアーギュメントに接近したセンテンスだが、これはタイトルを見ると朝鮮戦争について論じた論文なので、最後の一文は論文内で十全に論証されるテーゼであるというよりは、朝鮮戦争という枠組みを取り払ったコンクルージョンで提示されるビジョンであるということに気づけるとよい（この論文が朝鮮戦争から21世紀までのアメリカの歴史をじっさいにカバーするわけではなさそうだ）。

というわけで、①の内容をもういちど別の角度からパラフレーズしよう。「朝鮮戦争以降のアメリカの諸戦争は、アジア系とアフリカ系が敵対視しあうような人種観を世界中に流布させてきた」。あるいは逆側から記述して、「アフリカ系とアジア系の連帯は、朝鮮戦争をはじめとする冷戦アメリカの戦争によって阻害されてきた」。英語でやってみれば、“Through the Korean War, white America taught Asians and African Americans how to hate each other” などと書くこともできるだろう（ちょっと日本語にしにくい）。

つづいて、研究書の裏表紙から。

> 演習8：以下の書籍のアブストラクトからアーギュメントを抽出し、それをパラフレーズせよ。
>
> ①本研究は、いかに帝国日本が太平洋地域への入植を正当化するにあたって人口過密言説を発明し利用したのかを示す。②この人口過密言説を本書は「マルサス膨張主義」と定義するが、これは国内における過剰（とされる）

人口を受け入れるための新たな土地が必要であり、なおかつ人口を増加させる必要があるとする、セットになった考えである。③日本によるアジアへの入植と、1868年から1961年にかけてのハワイ、北米、南米への日本人の移住とのあいだに、どのようなイデオロギー的関連、人的コネクション、そして組織上の連続性があったのかを本書は詳らかにする。④さらにマルサス膨張主義が近代のセトラー・コロニアリズムの核にあるとして、移住と入植という概念が切り分けて論じられてきたグローバル規模の歴史記述に切り込む。

Sidney Xu Lu, *The Making of Japanese Settler Colonialism: Malthusianism and Trans-Pacific Migration, 1968–1961* (New York: Cambridge University Press, 2019).

これは英語論文に特有の問題だが、現在の英語圏のアカデミック・カルチャーにおいては、アーギュメント・センテンスをhow節で書くことが一般化しており、この第一文もその例である。こういう場合は、This research shows howなどに該当する箇所を取り除くだけでよい（I argue thatと同じである）。つまり、「本研究は、いかに……かを示す」を除去して、「帝国日本は太平洋地域への入植を正当化するにあたって人口過密言説を発明し利用した」。

だがこれはもちろんパラフレーズとは言えない。そこで後半を読むと、帝国日本は「富国強兵のために人口を増やす必要があるが、土地が足りないので新規開拓が必要である」というタテマエ（さきに見た「物語」）をつくってそれを正当化したのだ、という内容だとわかる。

というわけで噛み砕いてみると、「帝国日本は人口過密という言い訳で太平洋地域への入植を正当化した」、としてもよいのだが、ここで他動詞モデルのことを思い出そう。この著者のアーギュメントでもっとも重要な点はなにか考えてみると、それは帝国日本が入植行為を「正当化した」こと、ではない。なぜなら、それは誰でも知っている歴史だからだ。この視点からいえば、それをメインの他動詞に据えるべきではないと考えることもできる。

この著者のオリジナリティは、日本はその正当化にあたって「人口過密だから外地が必要なのだ」という物語を発明したのだ、という点のほうにある。だからアーギュメントのパラフレーズにおいては、「正当化した」よりも、「発明した」のほうを軸にして書くほうがよい――このように考えると、第一文はかなり洗練されたアーギュメント・センテンスであったことがわかると思う。ちなみに、最後の一文はやはりコンクルージョン的な内容だ。

ひとつ変わり種として、とても有名な哲学書のアブストラクトを、しかも英語で読んでみよう。英語が読めない場合は飛ばしてもらってかまわない。原文で500ページに及び、じつにさまざまな参照のされ方をしてきたこの本を、アブストだけ読んで一文のアーギュメントにまとめるとどうなるのだろうか。

演習9：以下のアブストラクトを読み、アーギュメントを一文でまとめよ。

① Imperialism as we knew it may be no more, but Empire is alive and well. ② It is, as Michael Hardt and Antonio Negri demonstrate in this bold work, the new political order of globalization. ③ It is easy to recognize the contemporary economic, cultural, and legal transformations taking place across the globe but difficult to understand them. ④ Hardt and Negri contend that they should be seen in line with our historical understanding of Empire as a universal order that accepts no boundaries or limits. ⑤ Their book shows how this emerging Empire is fundamentally different from the imperialism of European dominance and capitalist expansion in previous eras. ⑥ Rather, today's Empire draws on elements of U.S. constitutionalism, with its tradition of hybrid identities and expanding frontiers.

Michael Hardt and Antonio Negri, *Empire* (Cambridge, MA: Harvard University Press, 2001).

これは数段落あるアブストのうち最初の1パラである。基本的に哲学書は難解であるが、ハートとネグリの『帝国』は驚くほど平易な英語で書かれ、なおかつ本書で論じてきたような、より「ふつう」の学術論文や研究書を読む方法論で十分に解析可能である。

① この第一文は省略が用いられていてすこし英語が読みにくいが、“no more” のうしろに “alive and well” が隠れている。Imperialism is no more alive and well, but Empire is alive and well ということだ。

この一文はすでにアーギュメントだとみなすことが可能な内容をもっている。すこしだけパラフレーズすれば、「現代は帝国主義ではなく〈帝国〉の時代である」、といったあたりだろう。ちなみに本書でEmpireはつねに大文字で用いられていて一般名詞のempire（帝国）とは違う意味をもっており、日本語ではこれに〈山括弧〉を充てることになっている。

② この“It”は、第一文で大文字で書かれているEmpire。〈帝国〉はグローバル化の時代における新たな政治的秩序であると定義する一文で、重要だが、アーギュメント・センテンスではない。

③ It is easy to . . . は一種の譲歩構文であり、but 以下にdifficultでimportantな内容が来る。ここでは「認識するだけなら簡単だが、理解するのは難しい」という内容で、これは主張内容そのものではないことがわかるだろう。

④ この“Hardt and Negri contend that . . .”といった著者が主語になった構文が出てきたら要注意である。これはI argue that . . . のバリエーションだ。内容を読むと、「それら」、すなわち前文で述べられた「グローバル規模で発生している経済・文化・法的な変革」は、「境界や限界をもたない〈帝国〉についての歴史的な理解」を踏まえて捉える必要がある、という一文だ。ここで彼らの用語である〈帝国〉が、境界（国境）を無視するものだという新情報が付加されるが、アーギュメント・センテンスという感じではない。

⑤ ふたたびアーギュメントが来そうな構文であるが、内容的にはほぼ①の反復になっている。ヨーロッパ式の帝国主義や、資本主義の拡大といった従来の枠組みでは捉えられないのがEmpireである。

⑥ Ratherで始まっており、前文とセットになっている。「ヨーロッパ式の帝国主義と違う」というのが⑤で、ではどう違うのかという内容が述べられるのが⑥だ。それはアメリカ合衆国の立憲主義、とりわけハイブリッドなアイデンティティとフロンティアの前進という精神にもとづいたものだ、という議論である。

というわけで、結局もっともアーギュメント・センテンスらしいのは①だった。だから、たとえば「現在は帝国主義ではなく〈帝国〉の時代である」が本書のアーギュメントであると結論することがまず可能だ。だがこれだけだと説明不足ではあるので、全体の要素を取り込んでみよう——

グローバル化した現代の世界を統御する政治的メカニズムは、ヨーロッパ式の帝国主義ではなく、国境を無視して作動するアメリカ式の〈帝国〉である。

4．イントロダクションを解析する

さいごに総集編として、論文のイントロダクションをまるごと読んでみよう。アーギュメントとそのパラフレーズ、アカデミックな価値の提示、シノプシス、問い、すべてが揃った理想的なイントロダクションである。

演習 10：以下のイントロダクションを読み、自由に分析せよ。

バートルビーの机には、いったい何が入っているのだろうか。「書記バートルビー」（1853年）において、語り手は自分について話すことを頑なに拒む主人公バートルビーに困惑し、この謎めいた人物の内面を垣間見ようと彼の机を無断で開けてしまう。バートルビーの不可解な他者性が、その机を開けるように語り手を誘惑するのである。しかし、語り手は机の中にわずかな貯金しか見つけられず、バートルビーの謎は解明されないまま、この机は象徴的な意味において閉ざされ続ける。この机がバートルビーの隠された内面の比喩として機能しているならば、それは語り手のみならず読者にも閉ざされたままであるといえるが、それでも読者は彼の心の奥底を探りたいと思わざるをえないはずだ。バートルビーの沈黙は、「バートルビーは何を感じており、何を考えているのか？」という疑問を読者に惹起し続ける。

語り手がバートルビーの机を無断で開けるという行為は、他者の内面を侵犯することの暴力をめぐる倫理的問題を提起している。本章では、近年の文学研究における「情動的転回（the affective turn）」を参照しながら、他者の内面を知ることの潜在的な暴力性と、文学作品においてそれを回避しようとするメルヴィルの試みについて考察したい。［…］情動理論を援用したアメリカ文学研究は、理性に劣るものとしてこれまで見過ごされてきた感情を批評的な分析対象として再定位することに成功したといえる。情動理論は、文学作品における感情を考察するための新たな地平を切り拓いてきたのである。しかし、本章ではこうした現在進行中の批評的傾向から一歩引いて、情動理論の文学への適用可能性をも再考したい。

沈黙した人物の内面を知ることの暴力性と情動理論は、実は密接に関連している。本章で取り上げる暴力とは、感情表現の手段としての言語が行使する他者の内面に対する暴力であり、沈黙する登場人物の知られざる内面を強制的に名指しする暴力である。人間の感情を表現するうえで言語が果たす役割が重要であるからこそ、情動理論が関係することになる。というのも、情動理論の中心的な関心事の一つは言語であるからだ。ブライアン・マッスミら情動理論家によれば、「感情（emotion, feeling）」とは対照的に、「情動（affect）」は言語による意味づけや分節化に抵抗するものであるという。アン・ペレグリーニとジャスビア・プアーが指摘するように、情動は「言語には内包できず、言語によっては表現できない身体の物質性や生理的過程」を示す。さらにエリック・シャウスは、情動を「非意識的な強度の経験であり、それは未形成の、構造化されていない潜在性の瞬間」と定義したうえで、こう続ける。「情動とは言語では完全に実現不可能であり、意識に先立ち、意識の外部に位置するため、それは抽象的な存在に留まる」。ここで立ち上がる問題は、言語と映像と音の組み合わせで総合的に表現する映画などの芸術と比較して、あくまで言語による表現手段としての文学に情動理論を援用することの妥当性である。もちろん、作家も文学作品を通して感覚的な情報を伝えるわけだが、その表現方法はあくまで言語に限定されている。では、言語に包摂されない感情である「情動」は、言語という表現媒体に特化した文学作品の中に存在しうるのだろうか。言い換えれば、非言語的な感情は、言語的な媒体を通じて表現しうるのか。この問いは、文学と情動理論の関係性を議論している批評家たちのあいだで等閑視されてきたように思われる。

以上の問いを念頭に、本章では［…］議論の中心に「バートルビー」を据え、本作品を「反情動の物語」として読み解く。そして、メルヴィルが言語を通して登場人物の内面を描出するのではなく、その内面を暗示するに留めていることを示したい。メルヴィルは、内面が読者から隠されている登場人物の沈黙を描くことで、内面の存在を指し示しつつ、その輪郭を明確に描くことを拒んでいる。バートルビー、「ベニト・セレノ」のバボ、

『信用詐欺師』のブラック・ギニーらの描写は、メルヴィルが呼ぶところの「秘密の感情」を読者に提示する点で共通している。「バートルビー」においても、他者の内面を読者が想像するためのわずかな裂け目がテクスト上に用意されていることを検討していくが、特に本章では情動理論を参照点としながら、メルヴィルを他者に対する言語の暴力性をめぐって葛藤する作家として位置づけていきたい。

古井義昭『誘惑する他者：メルヴィル文学の倫理』(法政大学出版局、2024年)、221–23頁。

あなたはまず、なにをしただろうか。イントロ解析の基本は、各パラグラフの機能の予測である。読む前にざっと全体を見て、おおまかにアーギュメントの位置の見当をつけよう。

さて、第一段落は典型的なエピソードによる導入で、これは「バートルビー」という作品を分析する論文であるわけだが、著者は大きな枠組みから入らず、バートルビーの机の中身という作品の細部から論を開始している。イントロの章で見た、読者を驚かせるタイプのオープニングだ。

第二段落は、先行研究の整理をしている第三段落へのつなぎの役割を果たしている。ちなみに著者は「情動理論を援用したアメリカ文学研究は……」というセンテンスに注をつけ、そこで「代表的なものとして」とだけ書いて6本の研究を列挙している。これもまた、本書で何度か確認した先行研究の処理における常套テクニックだ。

第三段落はいくつかの先行研究をダイレクトに引用したうえで、「情動」というものが「感情」と違って言語に包摂されない領域について思考するための枠組みだという議論（＝会話）になっているのなら、情動についての理論を言語構築物である文学に適用するのっておかしくない？　という、素朴ながら巨大な問いを提出している。その問いを、著者がみずからただちにパラフレーズしていることにも気づいてほしい。

上記の著者の問いは、同時に先行研究への批判になっていることがわかるだろう（アカデミックな価値をつくる）。第三段落の最後のセンテンスでは、「等閑視」

という言葉でその批判意識（否定のモメント）がダイレクトに示されている。このように、先行研究の批判を「問い」のかたちへと昇華するのは、とても汎用性の高いテクニックである。

第四段落は、アーギュメントとシノプシスが両方とも入ったパラグラフである。この論文のアーギュメントは、「メルヴィルは言語を通して登場人物の内面を描出するのではなく、その内面を暗示するに留めている」であり、ここをハイライトできたら正解である（英語の原文ではここで argue という動詞が出てくる）。このアーギュメントも、やはりその直後でパラフレーズされていることにも注目しよう。

こうしてアーギュメントを抽出できれば、本書で強調してきた「論文に問いは必要ない」ということが再確認できる。この論文には第三段落で大規模な問いが提示されてはいるが、それは背景となる問題意識であって、その問いへの回答（適用できるのか、できないのか？）がこの論文のアーギュメントではない。そして、アーギュメントである「この論文ではメルヴィルが登場人物の内面を暗示するに留めていることを示す」という主張は、問いなしでも言えてしまうわけだ。

第四段落で、著者が「バートルビー」という枠組みを取り払って、それをメルヴィルという同じ作家が書いた別作品に当てはめていることに注目しよう。この操作は、コンクルージョンの章で見た「枠を取り払う」と同じだと気づいてほしい。この著者は「バートルビー」論からメルヴィル論へとこの論文の射程を拡大しているのだ。ただこの場合、その作業はコンクルージョンで示唆するだけでなく、本文中で別作品を読んで論証している。そのさらに外には、情動理論に興味をもつリーダーシップが想定されているわけだ。

というわけで、本書を読んで書いたのではないかと思ってしまうくらい、本書で紹介した全要素が詰まったイントロダクションだった。それはつまり、かように論文という文章はフォーマットに従えば書けるものだということの証左にほかならない。

論文など、恐れるに足らないのだ。

あとがき

すでに本書では「あとがき」に含まれるようなパーソナルな記述を本文にたくさん書いた。もう俺の話はいいだろう。以下は謝辞である。

本書の出発点になったのは、2020年の5月に拙ブログに書いた「アートとしての論文」という記事だった。「人文系の院生が査読を通すためのドリル」という、かなり読者を限定するはずの副題がついたこの記事は、1万字という長さにもかかわらず公開日だけで2万人以上に読まれ、かなり大きな反響があった。

のちに「あの記事に救われた」という連絡を何十通もいただいてきたが、そのうちのひとりである光文社の担当編集である江口裕太さんが、今回の企画を立案してくださった。はじめ彼は別の内容の新書の企画を持ちかけてくれたのだが、「それは無理だけど、こういう条件でこういう本なら出してもいいっすよ、けどいま博論で忙しいんで3年後くらいで」と、およそ大学院生とは思えない傲岸不遜な交渉を行い、それをすんなり通してくださった。江口さんと光文社に感謝したい。

また「はじめに」でも書いたが、本書の適用可能範囲を正確に把握することは不可能である。そのため、原稿がほぼ完成した時点でネット上で読者を募り、30名ほどの院生・教員の方々に最初の3章を読んでいただいた。とりわけ「自分の分野ではこれは当てはまらない」という点を教えてほしいと依頼して、多くの重要な指摘をいただいた（それらは反映されている）。もちろん身近な知人にも、たくさん読んでもらった。みなさまにこの場を借りて感謝する。

本書は長く読まれる本になる。「まったく新しい」という惹句は、いずれ古びることになるだろう。そのとき、本書は全面的に改訂され、ふたたび読者の手元に届くことになるはずだ。そのときまでこの本が、たくさんの論文書きを育ててくれることを願っている。

2024年4月、TXの車内にて

阿部幸大

（あべ・こうだい）

1987年、北海道うまれ。筑波大学人文社会系助教。専門は日米文化史。2023年に博士号取得(PhD in Comparative Literature)。研究コンサルティングのベンチャー、アルス・アカデミカ代表。最新の情報はホームページ(www.kodaiabe.com)を参照。

まったく新しいアカデミック・ライティングの教科書

2024年 7 月30日　初版第 1 刷発行
2024年11月25日　　　第 7 刷発行

著　者　阿部幸大
装　幀　近藤一弥
発行者　三宅貴久
印刷所　堀内印刷所
製本所　ナショナル製本

発行所　株式会社 光文社
〒112-8011　東京都文京区音羽1-16-6
https://www.kobunsha.com/
編集部　03 (5395) 8289
書籍販売部　03 (5395) 8116
制作部　03 (5395) 8125

R〈日本複製権センター委託出版物〉

本書の無断複写複製（コピー）は著作権法上での例外を除き禁じられています。本書をコピーされる場合は、そのつど事前に、日本複製権センター（☎ 03-6809-1281、e-mail : jrrc_info@jrrc.or.jp）の許諾を得てください。

本書の電子化は私的使用に限り、著作権法上認められています。ただし代行業者等の第三者による電子データ化及び電子書籍化は、いかなる場合も認められておりません。

落丁本・乱丁本は制作部へご連絡くだされば、お取替えいたします。

© Kodai Abe 2024 Printed in Japan ISBN 978-4-334-10380-4